中国水产品贸易发展报告

China Aquatic Products Trade Development Report 2024

农业农村部农业贸易促进中心
中国水产科学研究院黄海水产研究所　编著

中国农业出版社
北　京

《中国水产品贸易发展报告2024》
编辑委员会

主　　任：马洪涛　赵宪勇

副 主 任：李洪涛　吕向东　赵立军　叶乃好　荣小军
　　　　　王　骞　邵长伟

委　　员：王　军　赵学尽　张晓颖　徐智琳　柳苏芸
　　　　　杨　静　李　婷　梁　勇　张红玲　马建蕾
　　　　　远　铜　黄　飞　刘志鸿　徐甲坤　朱文嘉

《中国水产品贸易发展报告2024》

编写人员

主　　编：朱文嘉　徐甲坤　王　军

副主编：赵　贞　李　娜　李　晓　吕　青　孙　涛
　　　　杨少玲

参编人员（按姓氏笔画排序）：

于　凡	王　迪	王　颖	王小娟	王联珠
邓冠聪	四方旸	吕　婕	曲　梦	朱　琳
刘志颐	刘丽清	刘夅辰	米　加	江艳华
孙长光	孙晓春	李　艺	李子晔	杨田园
杨妙曦	吴俊强	何雅静	何晓霞	余海霞
邹　慧	冷淦潇	张菱健	陈屿廷	赵　玲
赵永强	姚　琳	徐　涛	徐晓丽	栾　晶
高　芳	郭林宇	郭莹莹		

序言
PREFACE

　　近年来，我国渔业现代化建设步伐不断加快，产业高质量发展成效显著。2023年，全国水产品总产量达到7 116万吨，同比增长3.64%，连续35年稳居全球首位，国际贸易地位持续提升。作为人类摄取动物性蛋白的重要食品来源，水产品历来是全球贸易最为活跃的农产品之一，也是最具出口竞争力的重要农产品之一。凭借丰富的水产资源、优良的产品品质和庞大的产业规模，水产品进出口贸易已成为我国对外贸易的重要组成部分。在践行大食物观、保障全球粮食安全、促进农业农村经济发展等方面做出了积极贡献。

　　面对日益激烈的市场竞争和不断变化的消费需求，尽管我国水产品总量不断攀升、贸易发展趋势持续向好，但也面临着诸多问题和挑战，尤其是影响水产品贸易的质量安全、技术性贸易措施等问题。系统梳理我国水产品贸易发展的基本概况，深入分析面临的问题及挑战，不仅关乎我国水产品贸易的未来变化趋势，更是推动整个世界水产品贸易健康、有序、良性发展的关键所在。

　　在此背景下，农业农村部农业贸易促进中心联合中国水产科学研究院黄海水产研究所，凭借其深厚的专业知识和丰富的行业经验，组织撰写了《中国水产品贸易发展报告2024》。报告概括了2023年我国水产品贸易发展情况，展望了未来中国水产品贸易发展趋势，对我国水产品贸易高质量发展、推进渔业转型升级具有重要的指导意义。

　　作为一份兼具前瞻性与战略指导意义的研究报告，希望能帮助我们更好地预测全球水产品贸易发展新趋势，科学谋划产业发展新路径，为行业主管部门提供决策依据，为生产经营企业提供战略参考，为科研院所提供研究范式，共同推动我国水产品贸易持续健康繁荣发展。

中国工程院院士

陈松林

2025.6.23

目 录
CONTENTS

序言

CHAPTER 1 | 第一章

中国水产品贸易概况

水产品是全球超过 30 亿人口的重要蛋白质和营养来源。作为全球消费增长速度最快的动物蛋白产品，根据《2024 年世界渔业和水产养殖状况》报告，2022 年全球水产养殖业的产量达到 9 440 万吨，首次超过捕捞渔业的产量，占全球水生动物总产量的 51%。其中，供人类食用的部分占总产量的 57%，创下了历史新高。全球有 230 多个国家或地区参与水产品国际贸易，贸易额达到 1 950 亿美元，同样创下了历史新高，比疫情前的 2019 年增长了 19%。中等收入和低收入国家的水产品净贸易总额达到 450 亿美元，超过了所有其他农产品贸易额的总和。

　　水产品贸易的发展不仅仅为解决全球特别是不发达地区的饥饿、营养不良等问题做出了积极贡献，其作为蓝色经济中的"重要一环"，对于促进当地就业和经济增长、增强海洋产业竞争力、实现各国的"蓝色增长"战略同样具有深远的意义。随着全球水产品贸易总需求的不断扩大，各国以水产品贸易为纽带互联互通、相互影响，全球水产品贸易逐渐向复杂化和网络化方向转变。中国作为全球水产品贸易大国，2023 年贡献了全球 12% 的水产品出口额。中国是全球水产品消费足迹最大的区域，国内消费足迹占比高达 83.9%。中国正通过加深与周边国家的双边渔业合作、成为《南印度洋渔业协定》的缔约国等方式，进一步提高自身在全球水产品贸易网络中的重要地位。

第一节
中国水产品贸易发展基本概况

　　水产品国际贸易是中国国际贸易的重要组成部分，是中国重要农产品稳产保供的重要举措之一。2023年中央一号文件明确指出，要"发挥农产品国际贸易作用，深入实施农产品进口多元化战略"，这是对党的二十大报告中提出的"推进高水平对外开放，推动货物贸易优化升级，加快建设贸易强国"目标任务在农业领域的细化落实和具体执行，充分凸显了农产品国际贸易对于统筹做好重要农产品调控的重要性。2023年，中国渔业经济呈现出持续向好的发展态势。水产品产量实现了稳步增长，市场成交量和成交额双双攀升，价格维持在稳定水平。尽管水产品贸易逆差依然存在，但渔民的收入持续增长，休闲渔业也迎来了快速的复苏。总体来看，渔业经济为保障"菜篮子"产品稳定供给、促进农业农村经济发展做出了重要贡献。然而，近年来随着水产品消费的下滑趋势，加之地缘政治冲突等因素对供应链造成的冲击，导致物流成本显著提高，进而削弱了水产品的消费需求。全球水产捕捞与养殖、消费和贸易均已进入增长放缓的阶段。从国际市场看，欧元、日元等主要货币贬值，叠加欧美等发达经济体持续通胀压力，促使消费需求向低价动物蛋白转移。在此背景下，中国已由全球最大的水产品出口国逐步转型为最大的进口国，这一转变既反映了国际市场的深刻变革，也对中国水产品国际贸易提出了新的课题。

一、中国水产品贸易市场规模

　　近年来，全球渔业和水产养殖生产大幅增长。水产品已成为全球粮食系统中贸易量最高的商品之一，且其全球化程度不断提高。渔业、养殖业及其贸易对于实现粮食安全以及可持续的经济、社会和环境发展目标至关重要。中国是全球最大的水产品养殖国、贸易国。中国水产品贸易市场规模不断扩大，贸易结构更加优化，贸易效益显著提升。中国拥有丰富的海洋和淡水资源，水产品种类极为多样，涵盖了鱼类、虾类、蟹类、贝类、藻类等多个品类。其中，许多品种具有显著的经济价值。据统计，截至2024年，中国实现规模化养殖的水产品种已突破300种，形成了较为完善的养殖品种体系。根据2023年发布的全国渔业经济统计公报，2023年中国水产品总产量7 116.2万吨，同比增长3.6%。其中，养殖产量5 809.6万吨，同比增长4.4%；捕捞产量1 306.6万吨，同比增长0.5%；养殖产品与捕捞产品的产量比例为81.6∶18.4。海水产品产量3 585.3万吨，同比增长3.6%；淡水产品产量3 530.9万吨，同比增长3.7%；海水产品与淡水产品的产量比例为

50.4：49.6（图1-1）。2023年，全国水产品人均占有量50.5千克（按全国人口数为140 967万人计），比上年增加1.9千克，同比增长3.9%。

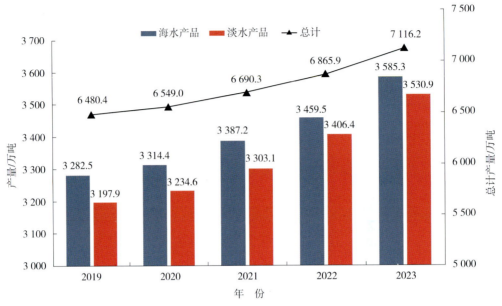

图1-1　2019—2023年中国水产品产量情况

数据来源：《2024中国渔业统计年鉴》。本章后图同。

　　2022年1月1日，由东盟发起，中国、日本、韩国、澳大利亚、新西兰和东盟十国共15方成员共同制定的协定——《区域全面经济伙伴关系协定》（RCEP）正式生效。这个目前世界规模最大、涵盖人口最多、成员构成最多元的自由贸易协定，给中国水产品国际贸易带来了巨大的机遇和挑战。据中国海关总署统计，2023年中国水产品进出口总量1 056.1万吨，同比增长3.2%；进出口总额442.4亿美元，同比下降5.4%；贸易逆差33.1亿美元，比上年同期扩大26.4亿美元。

（一）中国水产品出口市场规模

　　2023年，中国水产品出口量379.8万吨，同比增长0.9%；出口额204.6亿美元，同比下降11.2%。2023年中国水产品出口量增加，出口额反而下降，这反映出国际形势严峻多变以及市场价格竞争激烈，企业需加强特色水产品品牌建设，推进精深加工和开发多元产品，提高出口产品附加值。

　　2019—2023年，中国水产品主要出口至日本、韩国、美国、欧盟、中国香港、中国台湾以及东南亚地区，如表1-1所示。其中，日本、韩国、美国是较为稳定的三大出口市场。总体来看，2019—2023年，中国水产品的主要出口市场呈现出不同程度的波动。日本、韩国、美国等传统市场出口额呈下降趋势，中国香港和菲律宾等出口额有所增长。这与全球经济形势、市场需求变化、贸易政策调整以及汇率波动等因素有关。自1995年世界贸易组织（WTO）成立以来，亚洲和南美洲一直是主要的贸易顺差地区（即出口高于进口），而非洲和北美洲则是主要的贸易逆差地区（即进口高于出口）。在日本、美国等发达国家或地区中，水产品消费中进口比例整体上不断上升，这些国家或地区拥有良好的供应链基础设施，并且消费者有能力购买进口的高价值物种。菲律宾、越南等发展中国家或地区在水产品供应中的地位日益突出，作为供应链的中间商，进口原材料，再出口加工或增值产品，其重要性日益增加。

表 1 - 1　2019—2023 年中国水产品主要出口市场情况

单位：亿美元

出口市场	出口额				
	2019 年	2020 年	2021 年	2022 年	2023 年
日本	20.4	17.2	17.4	18.5	16.4
韩国	13.9	12.9	13.1	13.5	12.2
美国	13.5	11.1	11.4	14.5	11.1
中国香港	9.4	9.8	11.7	12.1	10.0
菲律宾	5.4	4.9	7.6	7.7	5.8
中国台湾	6.8	5.3	4.7	5.6	4.5
德国	6.2	4.1	3.8	5.5	4.5
英国	3.8	3.4	3.0	3.5	3.6
泰国	6.7	9.0	5.8	5.9	3.2
越南	2.5	2.8	3.4	3.5	3.1

数据来源：Trade Map 数据库。本章后表同。

中国也是世界水产加工产量最高的国家。截至 2023 年底，全国水产加工企业 9 433 家，水产冷库 9 143 座。2023 年水产加工品总量 2 199.5 万吨，同比增长 2.4%。其中，海水加工产品 1 713.1 万吨，同比增长 0.23%；淡水加工产品 486.4 万吨，同比增长 10.9%。用于加工的水产品总量 2 623.7 万吨，同比增长 2.6%。其中，用于加工的海水产品 1 982.7 万吨，同比增长 0.32%；用于加工的淡水产品 641.0 万吨，同比增长 10.6%。中国水产品加工并出口的大宗产品主要包括冻鱼、鱼糜制品、带壳或去壳的软体动物、带壳或去壳的甲壳动物等。

（二）中国水产品进口市场规模

中国作为全球最大的水产品进口国之一，在全球水产品贸易网络中的位次呈现出波动上升态势。中国水产品进口同比显著增长，中国进口水产品用于国内消费的比例逐年提高，贸易逆差有所扩大。2023 年中国水产品进口量 676.2 万吨，同比增长 4.5%；进口额 237.7 亿美元，同比增长 0.3%。

2019—2023 年，水产品进口市场在持续优化中趋于稳定，中国水产品进口额排名前十的国家如表 1-2 所示，分别为厄瓜多尔、俄罗斯、加拿大、印度、美国、挪威、印度尼西亚、越南、新西兰、日本，合计占中国水产品进口额的 56.9%，反映出进口来源地相对集中的市场特征。值得注意的是，各来源国的市场份额呈现显著分化趋势：厄瓜多尔实现跨越式增长，进口额从 2019 年的 19.0 亿美元增加至 2023 年的 35.6 亿美元，增幅达 87.4%，年均复合增长率达 17.5%。俄罗斯保持稳健增长（32.0%），2022 年后增速明显提升。高附加值产品来源国挪威（39.1%）和美国（26.4%）基本呈持续增长态势。水产

品主要是附加价值高的海产品，如金枪鱼、龙虾、帝王蟹等。越南经历剧烈波动，2022
年冲高至 16.7 亿美元后回落。新西兰（－6.3％）和日本（－9.1％）呈现温和下降趋势。
未来，要继续拓展非洲、拉丁美洲等新兴来源地，实现进口地域多元化，以确保供应链的
稳定性和可靠性。同时，建立动态监测机制，以应对主要来源国的政策波动和自然灾害
风险。

表 1-2　2019—2023 年中国水产品主要进口来源地情况

单位：亿美元

进口来源地	进口额				
	2019 年	2020 年	2021 年	2022 年	2023 年
厄瓜多尔	19.0	17.2	21.9	35.6	35.6
俄罗斯	21.9	18.4	18.6	27.5	28.9
加拿大	11.3	8.3	10.7	12.0	13.2
印度	12.3	8.4	9.7	12.6	12.5
美国	9.1	7.8	9.8	11.3	11.5
挪威	6.9	5.1	7.3	9.1	9.6
印度尼西亚	6.5	6.9	7.1	7.8	8.6
越南	9.8	10.5	7.1	16.7	7.8
新西兰	4.8	4.3	4.6	5.0	4.5
日本	3.3	2.2	3.9	5.1	3.0

二、中国水产品贸易产品结构

2019—2023 年，中国水产品出口品种多样化趋势明显，如图 1-2 所示。部分品类如
活鱼和新鲜或冷藏鱼（2023 年比 2022 年稍下降）的出口额实现显著增长，这不仅反映了
国际市场对这些高品质产品日益增长的需求，也体现了中国水产业在国际市场上的竞争
力。但由于全球市场竞争加剧、生产成本增长、国际贸易政策调整，冻鱼，虾蟹类及其制
品，贝类、头足类及其制品的出口额呈下降趋势。

初级水产品根据协调制度（Harmonized System，HS）编码两位码分类下的第一类
第三章，即 03 开头的商品，包括活鱼（0301）、新鲜或冷藏鱼（0302）、冻鱼（0303）、
鲜、冷、冻鱼片及其他鱼肉（0304）、干、腌、熏制鱼（0305）、虾蟹类及其制品（0306）、
贝类、头足类及其制品（0307）、海参、海蜇、海胆等及其制品（0308）。

通过分析初级水产品（03）的出口额，2023 年，中国初级水产品呈现出口额鲜、冷、
冻鱼片及其他鱼肉（0304）＞贝类、头足类及其制品（0307）＞冻鱼（0303）＞虾蟹类及
其制品（0306）＞活鱼（0301）＞干、腌、熏制鱼（0305）＞新鲜或冷藏鱼（0302）＞海
参、海蜇、海胆等及其制品（0308）的贸易格局。总体来看，大部分水产品出口额在
2022 年达到顶峰，但在 2023 年下降。中国的冻鱼、贝类等水产初级加工品出口利润低，
产品技术附加值低，无法在国际水产品市场保持长久竞争优势。面对这些挑战，中国水产
业需要不断适应市场变化，优化产品结构，以维持其在全球贸易中的竞争力。

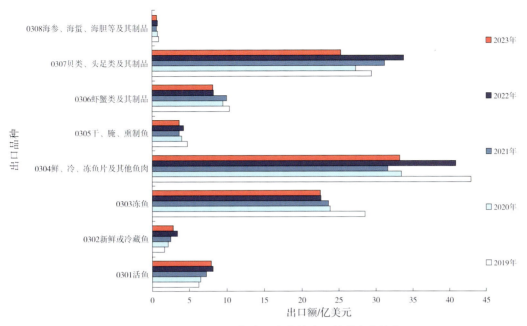

图 1-2 2019—2023 年中国水产品出口品种变化趋势

2019—2023 年，受国际贸易政策、市场需求变化以及供应链稳定性等多重因素影响，全球水产品贸易发生显著变化。作为全球最大的水产品进口国之一，中国的进口数据成了全球水产品供需变化的晴雨表。中国进口的水产品种类繁多，涵盖了冻鱼、鱼片、贝类、头足类、虾蟹类以及干、腌、熏制鱼等（图 1-3）。

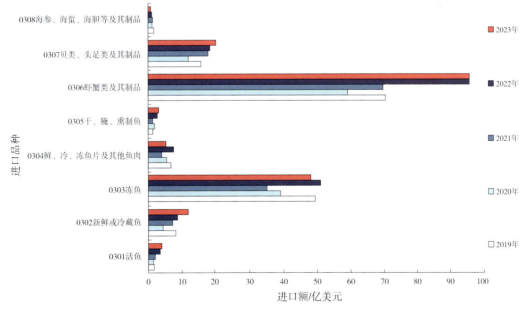

图 1-3 2019—2023 年中国水产品进口品种变化趋势

2019—2023 年，中国水产品的进口品种整体上呈现出增长的趋势，尤其是虾蟹类及其制品（0306）、贝类、头足类及其制品（0307）、活鱼（0301）、新鲜或冷藏鱼（0302）以及干、腌、熏制鱼（0305）的进口额增长显著。这一趋势不仅反映了中国消费者对高品质水产品需求的增加，也反映了国际贸易环境的演变。与此同时，冻鱼（0303）和鲜、冷、冻鱼片及其他鱼肉（0304）以及海参、海蜇、海胆等及其制品（0308）的进口额有所下降。受全球经济低迷、国内劳动力成本上升以及东南亚国家竞争加剧等因素的影响，来进料加工原料的进口整体呈现下降趋势。

2023年，中国进口细分水产品的贸易格局经历了重塑，形成了虾蟹类及其制品（0306）＞冻鱼（0303）＞贝类、头足类及其制品（0307）＞新鲜或冷藏鱼（0302）＞鲜、冷、冻鱼片及其他鱼肉（0304）＞活鱼（0301）＞干、腌、熏制鱼（0305）＞海参、海蜇、海胆等及其制品（0308）的新格局。这一变化不仅反映了中国人民物质生活水平的提升，也显示出水产品需求偏好的变化、生产方式的改进、技术条件的进步以及贸易环境的改善。这些因素的共同作用，推动了中国水产品进口贸易结构的优化和升级。

三、中国水产品贸易国家和地区结构

（一）中国水产品出口市场：稳定格局下的细微变化与新兴市场潜力

2023年，中国水产品的出口市场格局中，日本、韩国、美国、中国香港、菲律宾、中国台湾、德国、英国、泰国和越南位列出口量前十位（图1-4）。值得注意的是，2019年和2023年，排名前十市场的出口量分别占据了中国水产品出口总量的71.7%和72.3%，显示出中国水产品出口市场在2019—2023年的稳定性。

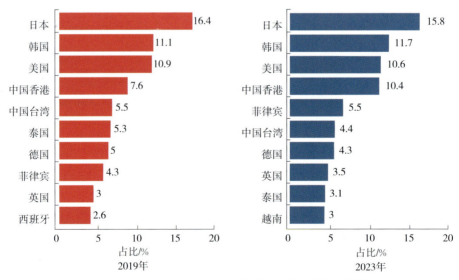

图1-4 2019年和2023年中国水产品主要出口市场

尽管出口市场整体保持稳定，但仍有细微变化。例如，西班牙已不再是前十名出口市场之一，而越南则成功跻身其中。2023年，日本、美国、韩国和中国香港继续稳居中国水产品主要出口市场的前四位，且相较于2019年，日本、美国、德国等在中国出口总额中的占比略有下降。尽管通胀压力有所缓解，各国央行也下调了利率，但水产食品消费仍然低迷。特别是挪威、日本、俄罗斯、英国、德国和美国等的市场条件尤为严峻。同时，菲律宾和越南等新兴市场的市场份额有所增长。菲律宾、越南等在"一带一路"建设中具有显著的地缘优势，是海上丝绸之路的重要节点之一，也是国际水产品贸易的主要市场。随着"一带一路"倡议的发展深化，海上丝绸之路共建国家海上互联互通优势逐渐凸显，海洋经济贸易合作日益深化。然而，泰国的市场份额出现较为明显的下降。这需要出口企业密切关注其市场动态和竞争环境，激活国内市场的消费能力，积极拓展新的出口市场，以便及时调整市场策略，把握新的市场机遇，从而在全球水产品贸易中保持竞争优势。

（二）中国水产品进口市场：集中度提升与来源地多元化需求

2023 年，中国水产品进口量排名前十的国家依次为厄瓜多尔、俄罗斯、加拿大、印度、美国、挪威、印度尼西亚、越南、智利和新西兰（图 1-5）。2019 年和 2023 年，排名前十国家的进口量占中国总进口量的比重分别为 70.4％和 73.1％，显示出中国水产品进口市场的高度集中。

在 2019—2023 年，中国水产品的主要进口来源地经历了一些变化。尽管前十名国家的整体排名波动不大，但澳大利亚退出了前十名，而智利则成功跻身其中。特别值得注意的是，厄瓜多尔超越其他国家，成为中国最大的水产品进口来源地，其市场份额增加了 6.7 个百分点。与此同时，俄罗斯虽然从中国最大的水产品进口来源地降至第二位，但其市场份额仍然增加了 1.2 个百分点。

此外，越南、加拿大、新西兰和印度的市场份额有所下降，这与全球水产品市场的供需变化、国际贸易政策、运输成本以及产品质量和价格等因素密切相关。面对这些变化，中国在水产品进口方面，需要进一步使进口来源地多元化，丰富优势水产品的进口来源，扩宽加拿大、冰岛、芬兰等北极圈国家市场，以降低对单一市场的依赖，并提高供应链的稳定性和灵活性。通过优化进口结构和拓展新的进口渠道，中国可以更好地应对全球市场的波动，确保水产品供应的连续性和安全性。

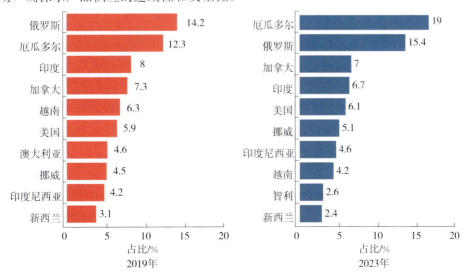

图 1-5 2019 年和 2023 年中国水产品主要进口来源地

第二节
中国水产品贸易发展趋势分析

在全球人口激增和"大食物观"理念的推动下，海洋——这个占地球表面积逾七成的资源宝库，正受到越来越多的关注。水产品体系已成为各类高级别会议和重要协定中不可或缺的议题，如联合国粮食系统峰会对话、《联合国气候变化框架公约》谈判、《昆明-蒙特利尔全球生物多样性框架》、《〈联合国海洋法公约〉下国家管辖范围以外区域海洋生物多样性的养护和可持续利用协定》、世界贸易组织《渔业补贴协定》，以及关于应对塑料污染（包括海洋环境中的塑料污染）的国际协定。这些举措表明，全球政府正逐步意识到水产品的重要性。水产品行业已发展成为一个全球性的快速成长产业，覆盖捕捞、养殖、加工和销售等多个环节。

从水产品消费趋势的演变来看，我们可以观察到几个显著的变化。第一，传统的主要进口国家消费出现下滑，而中国市场在进口增量方面表现得更为强劲。第二，地域政治冲突导致全球物流和能源成本上升。第三，全球经济的低迷状态促使人们普遍降低消费水平，减少在衣食方面的支出成为普遍选择。此外，中美贸易摩擦进一步破坏了全球供应链的稳定性。值得注意的是，2024年美国对厄瓜多尔、印度、印度尼西亚、越南等国家的进口虾类产品实施反倾销税，这导致了市场格局的重大变化。目前，水产品的贸易渠道正处于一个关键的转型期，新旧业态持续竞争，线上线下渠道加速融合，新兴渠道的优势日益凸显。

一、大食物观推动水产品消费升级

2015年中央农村工作会议明确提出了"树立大农业、大食物观念"。2022年中央农村工作会议强调"树立大食物观，构建多元化食物供给体系，多途径开发食物来源"。随着经济发展水平和生活水平的提升，人们对食物的消费和需求逐渐从单一化变得多样化，食物消费结构正从"吃得饱"向"吃得好""吃得健康"转变，水产品作为动物蛋白的重要来源，在这一转变中扮演着至关重要的角色。

随着中国城市化进程的加快和老龄群体的增加，膳食营养的优化需求为优质蛋白市场带来了巨大的增长潜力。深海鱼类因其富含优质蛋白而受到消费者的青睐，成为消费升级的新宠。预制菜产品的创新为中餐走向国际市场带来了新的机遇。新一代年轻人的消费习惯倾向于方便快捷，这为水产加工业的发展提供了广阔的成长空间。

便捷多样的水产加工品、完善的冷链物流以及全球最高效率的配送服务等有利因素，将进一步推动水产品的消费增长，助力水产品行业的持续升级和创新。

二、深远海养殖的蓬勃发展

随着全球水产行业环境的深刻变化，中国水产养殖业也迎来了新的发展阶段。绿色可持续的高质量发展已成为未来发展的核心趋势。然而，这一转型也导致中国在国际市场上的竞争力出现了一定程度的下降，这正是中国水产品进口量增长的重要原因之一。近年来，渔业资源的衰退和生态环境治理的加强等因素，使得中国的捕捞产量逐年减少，近海养殖水域的利用率已接近饱和。因此，开拓新的水产品生产空间已成为当务之急。深远海养殖领域拥有约10%的增量潜力，大力发展深远海养殖业对于优化水产养殖空间布局、推动海洋渔业的转型升级，以及践行大食物观、构建多元化食物供给体系具有至关重要的意义。

为此，国家及沿海省份如福建、广东、山东、辽宁等在政策上加大了对深远海养殖的支持力度，并积极推进相关鱼类育种、装备研发设计与制造以及绿色养殖试验区的建设。随着"深蓝1号""经海001号"等养殖平台的成功运营，中国深远海养殖成效日益显现，养殖规模不断扩大，发展潜力得到释放，成为拓展蓝色发展空间、保持海洋渔业竞争优势、保障海产品高品质供给、推进海洋经济高质量发展的重要领域。预计未来深远海养殖将保持强劲的发展势头，并向规模化、智能化、高端化方向迈进。

三、渔业发展的"蓝色转型"

2022年6月，联合国粮农组织（FAO）发布《2022年世界渔业和水产养殖状况》报告，提出通过"蓝色转型"推动水产食品系统的可持续转型。这一转型的重点在于实现水产养殖的可持续扩大和集约化，有效管理渔业以及价值链的升级。在全球生态系统退化、气候危机、生物多样性丧失等问题日益严峻的背景下，新冠疫情、国际地缘政治紧张以及逆全球化问题的出现对全球经济、环境和粮食安全造成了重大影响。水产食品在提供食物、营养和就业方面的作用日益凸显，以可持续方式生产水产品，对水产食品的生产、管理、贸易和消费方式进行"蓝色转型"，对于实现《2030年可持续发展议程》的目标具有重要意义。

四、水产品贸易发展政策环境的持续优化

随着全球经济和贸易的复苏，中国对外出口迎来了新的机遇。2023年，世界卫生组织（WHO）宣布新冠疫情不再构成"国际关注的突发公共卫生事件"，这标志着全球经济和贸易需求将呈现恢复性增长。然而，核污水排放、海洋酸化、海洋微塑料等生态问题引发了公众对海洋污染和水产品安全的担忧。与此同时，美元降息后有效控制了通胀，为多国实施宽松货币政策提供了空间。各国在竞争与调整中催生了深度合作。贸易政策的不

确定性给水产品贸易带来了层层障碍，多重不确定性因素的叠加效应也给水产品贸易带来了巨大风险与挑战，但积极因素依然存在。联合国"海洋十年"行动倡议已启动，全球蓝色伙伴关系合作网络实现纵深推进；21 世纪海上丝绸之路建设稳中有进，"海上丝路"沿线产业链、供应链弹性增强。中国政府推出的一系列外贸政策持续发力，为国内外贸企业降低成本、防范风险、抢抓订单、扩展市场发挥了重要作用。

2023 年 11 月，国务院印发《全面对接国际高标准经贸规则推进中国（上海）自由贸易试验区高水平制度型开放总体方案》，提出了 80 项改革举措，旨在推动自由贸易试验区更好发挥改革开放排头兵的示范引领作用。2023 年 6 月，商务部印发《自贸试验区重点工作清单（2023—2025 年）》，明确了未来 3 年相关自贸试验区拟自主推进实施的 164 项重点工作，推动各地精准定位、精准施策，调动地方改革积极性和主动性，因地制宜不断深化改革实践创新，形成更多可复制可推广的制度创新成果。中国自贸区的建设有助于优化供应链，促进进出口贸易。随着法律、物流、支付、结算等支撑体系的不断完善，可为推动水产品贸易的高质量发展提供有力支持。

CHAPTER 2 | 第二章

中国水产品贸易典型品种情况

联合国粮农组织（FAO）最新发布的报告显示，2022 年全球渔业和水产养殖业产量飙升至创纪录的 2.232 亿吨，其中水生动物产量达 1.854 亿吨，藻类产量达 3 780 万吨。此外，全球水产养殖产量首次超过渔业捕捞产量，达到 9 440 万吨，水产养殖成为水生动物产品的主要来源。这在很大程度上归功于水产养殖技术和加工技术的不断提升。伴随着居民生活水平的提高，水产动物来源的优质蛋白质的需求量也急剧增加。根据 FAO 的数据预估，到 2050 年，全球人口将达到 100 亿人，与之同步的蛋白质产量需提高 70% 才能满足世界人口的需求。现如今，各水产大国在国际市场的发展百花齐放，而中国水产品对外贸易在全球价值链体系中的优势也是一枝独秀。本章对中国水产品贸易典型品种进行了生产与贸易情况的介绍。

第一节

鱼　　类

一、世界鱼类生产和贸易概况

鱼类作为海洋生物中的最大家族，其产量在众多水产品中的排名也是遥遥领先。据FAO数据统计，2018—2022年，世界鱼类产量总体呈波动上升趋势，五年的平均年生产总量为13 508.2万吨。随着养殖技术的不断革新，世界鱼类养殖产量逐年增加，2022年达到6 144.8万吨（表2-1），同比增长3.4%；捕捞量2019年与2020年下降，2021年及之后有所回升；2022年鱼类总产量创新高，达到13 968.0万吨，占全球水生动物产量的75%以上；在捕捞与养殖的结构配比中，养殖总量约占总产量的44.0%，与2018年的40.6%相比也显著增高。

表 2 - 1　2018—2022 年世界鱼类产量

单位：万吨

年份	总产量	养殖总量	捕捞总量
2018	13 436.3	5 455.1	7 981.2
2019	13 195.4	5 630.2	7 565.2
2020	13 166.5	5 763.0	7 403.4
2021	13 774.9	5 941.7	7 833.2
2022	13 968.0	6 144.8	7 823.2

数据来源：FAO统计数据库（FishStatJ）。

注：因统计时对数据进行四舍五入，导致部分分项数据之和同总项数据不完全一致。本章后表同。

2022年，全球水产贸易额创新高，其中鱼类贸易做出巨大贡献。2018—2022年世界鱼类进出口数据显示，进出口总量在近五年内维持较平稳状态，2019年达高峰5 508.5万吨（表2-2），出口量略高于进口量。从世界鱼类产品进出口总额来看，2018—2022年呈波动增长态势，尽管2020年受疫情影响进出口总额下降，但2021年后显著回升，2022年世界鱼类产品进出口总额达到2 327.4亿美元，较2021年同比增长12.1%；进口额和出口额基本持平。

表 2-2 2018—2022 年世界鱼类进出口概况

年份	进出口总量与总额		出口总量与总额		进口总量与总额	
	总量/万吨	总额/亿美元	总量/万吨	总额/亿美元	总量/万吨	总额/亿美元
2018	5 502.4	1 936.5	2 824.8	1 013.2	2 677.6	923.2
2019	5 508.5	2 000.5	2 799.6	998.2	2 708.9	1 002.3
2020	5 349.1	1 878.2	2 698.6	935.2	2 650.5	943.0
2021	5 313.5	2 075.4	2 685.1	1 037.0	2 628.4	1 038.3
2022	5 456.2	2 327.4	2 769.7	1 151.4	2 686.5	1 176.0

数据来源：FAO 统计数据库（FishStatJ）。

二、中国鱼类生产和贸易概况

中国渔业统计年鉴的数据显示，2019—2023 年中国鱼类产量稳步提升，2023 年总产量达到 3 714.2 万吨（表 2-3），同比增长 2.2%，其中淡水养殖鱼类产量占总产量的 74.6%；中国鱼类捕捞产量呈下降的趋势，其中淡水捕捞鱼类产量在 2019—2022 年持续降低，2023 年趋于稳定，产量为 90.9 万吨；海水捕捞鱼类在近几年的产量较为平稳，2023 年产量为 646.0 万吨。

表 2-3 2019—2023 年中国鱼类产量

单位：万吨

类别	鱼类产量				
	2019 年	2020 年	2021 年	2022 年	2023 年
淡水养殖鱼类产量	2 548.0	2 586.4	2 640.3	2 710.5	2 771.6
淡水捕捞鱼类产量	184.1	110.9	92.0	89.8	90.9
海水养殖鱼类产量	160.6	175.0	184.4	192.6	205.7
海水捕捞鱼类产量	682.9	648.8	645.2	641.9	646.0
总产量	3 575.6	3 521.0	3 561.8	3 634.7	3 714.2

数据来源：中国渔业统计年鉴。

中国鱼类产品贸易的特点是以国内自产鱼类出口为主、来进料加工相结合。根据 FAO 数据统计，2018—2022 年中国鱼类进出口总量与总额呈波动变化的趋势。受新冠疫情对全球水产品贸易的滞后影响，2019—2021 年中国水产品进出口情况持续降低，2021 年达到波谷，进出口总量为 454.8 万吨（表 2-4），进出口总额为 170.4 亿美元；2022 年全球水产品进出口贸易逐渐复苏，中国鱼类进出口总量与总额明显回升，进出口总量为 509.9 万吨，同比增长 12.1%，进出口总额为 199.4 亿美元，同比增长 17.0%；中国鱼类的出口量与进口量基本均等，但出口额显著高于进口额，这说明中国出口的鱼类水产品逐渐从低附加值产品到高附加值深加工产品转变。

表 2 - 4　2018—2022 年中国鱼类进出口概况

年份	进出口总量与总额		出口总量与总额		进口总量与总额	
	总量/万吨	总额/亿美元	总量/万吨	总额/亿美元	总量/万吨	总额/亿美元
2018	569.6	183.3	306.7	122.9	262.9	60.4
2019	612.8	189.6	311.5	121.6	301.3	68.0
2020	541.8	164.6	275.9	111.2	265.8	53.4
2021	454.8	170.4	259.4	119.6	195.3	50.8
2022	509.9	199.4	257.5	125.6	252.4	73.8

数据来源：FAO 统计数据库（FishStatJ）。

第二节

虾 类

一、世界虾类生产和贸易概况

虾属于节肢动物门甲壳类动物，种类很多，包括青虾、河虾、草虾、小龙虾、对虾（南美白对虾、南美蓝对虾、中国对虾）、明虾、基围虾、琵琶虾、龙虾、磷虾等。虾类产业占渔业生产总值的比例逐渐增大，产业地位日趋凸显。从世界范围看，2018—2022 年世界虾类产量呈逐年增长趋势，2022 年达到 1 137.2 万吨（表 2-5），其中养殖总量为 793.7 万吨，占总产量的 69.8%；从捕捞量与养殖量的配比看，全球虾以养殖为主。

表 2-5 2018—2022 年世界虾类产量

单位：万吨

年份	总产量	捕捞总量	养殖总量
2018	977.2	371.4	605.8
2019	1 004.2	353.5	650.7
2020	1 013.4	325.0	688.4
2021	1 085.8	344.9	740.9
2022	1 137.2	343.5	793.7

数据来源：FAO 统计数据库（FishStatJ）。

在世界虾类产品市场供给和需求共同增长的双重推动下，虾类产品国际贸易量迅速扩张，在水产品国际贸易中占据着十分重要的地位，虾类产品出口量占世界水产品总出口量的 5% 以上，出口额约占总出口额的 20%。虾类产品主要贸易类型有冷冻及未冻龙虾、冷冻及未冻对虾、制作或保藏的龙虾或对虾等，近年来这三大类虾产品总贸易量和贸易额都有相当规模的增长。据 FAO 数据统计，2018—2022 年世界虾类进出口总量与进出口总额整体呈增长趋势。尽管受疫情影响导致 2020 年进出口总量与进出口总额略有下降，但从2021 年开始有显著回升，2022 年世界虾类进出口总量为 838.5 万吨，进出口总额为738.0 亿美元（表 2-6）。

表 2 - 6　2018—2022 年世界虾类进出口概况

年份	进出口总量与总额		出口总量与总额		进口总量与总额	
	总量/万吨	总额/亿美元	总量/万吨	总额/亿美元	总量/万吨	总额/亿美元
2018	661.7	588.6	362.5	308.8	299.2	279.8
2019	711.1	597.9	367.0	302.6	344.1	295.3
2020	706.8	560.0	351.3	282.5	355.5	277.5
2021	791.0	696.1	405.0	351.9	386.0	344.2
2022	838.5	738.0	427.8	366.8	410.7	371.2

数据来源：FAO 统计数据库（FishStatJ）。

二、中国虾类生产和贸易概况

中国是世界虾类产品第一大生产国，近年来虾类产品年产量增长迅速，2019 年中国虾产量达到 600 万吨以上，往后逐年递增。2023 年中国捕捞与养殖虾产量达到 755.6 万吨（表 2-7），其中，淡水养殖虾产量 444.0 万吨，海水养殖虾产量 176.6 万吨，较十年前已实现翻倍式增长。这主要得益于中国从 2000 年开始引进南美白对虾，由于其抗病能力强、生长速度快，在国内的养殖规模迅速发展，拉动了中国虾类产量的逐年提高。

表 2 - 7　2019—2023 年中国虾类产量

单位：万吨

类别	虾类产量				
	2019 年	2020 年	2021 年	2022 年	2023 年
淡水养殖虾类产量	315.2	348.2	377.6	408.1	444.0
淡水捕捞虾类产量	19.6	13.2	9.8	9.6	9.6
海水养殖虾类产量	145.0	148.8	157.2	166.2	176.6
海水捕捞虾类产量	127.1	120.6	121.4	123.8	125.4
总产量	606.8	630.7	666.1	707.6	755.6

数据来源：中国渔业统计年鉴。

虾类产品的出口贸易在国民经济发展和对外贸易中发挥着重要作用。2018—2022 年，中国虾类进出口量与进出口额呈波动式增长，2019 年涨势较快，进出口量达 93.5 万吨（表 2-8），进出口额达 78.5 亿美元。受疫情影响，2020 年进出口总量下滑，但 2021 年有所回升，2022 年创历史新高，总量超过 110 万吨，总额近 100 亿美元。中国出口的虾类产品主要有冻对虾仁、冻小虾仁、制作或保藏的小虾及对虾、制作或保藏的淡水小龙虾仁等，冻对虾进口量占中国虾类进口总量的 80％ 以上。在中国虾类出口贸易中，制作或保藏的小虾及对虾具有绝对的优势。

表 2-8 2018—2022 年中国虾类进出口概况

年份	进出口总量与总额		出口总量与总额		进口总量与总额	
	总量/万吨	总额/亿美元	总量/万吨	总额/亿美元	总量/万吨	总额/亿美元
2018	51.7	58.9	21.7	24.3	30.0	34.6
2019	93.5	78.5	16.6	18.4	76.9	60.1
2020	82.8	65.7	16.0	16.7	66.8	49.0
2021	88.8	76.0	18.0	21.1	70.8	54.9
2022	114.7	98.4	14.6	19.1	100.1	79.3

数据来源：FAO统计数据库（FishStatJ）。

第三节

贝　类

一、世界贝类生产和贸易概况

从世界范围内来看，贝类的生产和贸易主要集中在五大品种，分别是鲍、蛤类、贻贝、牡蛎和扇贝。生产国家主要分布在亚洲和欧美地区，如中国、韩国、日本、美国、法国和智利等。上述 6 国的贝类产量长期占世界贝类总产量的 80%～85%，其中中国产量所占份额最高，增长速度最快，近年来的产量已达到世界产量的 80%；贝类作为水产品的一个主要大类，除了营养丰富、风味独特之外，其在海洋生态中不可替代的特点及其多糖、多功能肽含量高等特征赋予贝类在养殖、加工利用等方面的显著优势。2018—2022年，世界贝类总产量平稳增长，其中养殖总量占总产量的 90% 以上。2022 年，世界贝类总产量达 1 911.3 万吨（表 2 - 9），比 2021 年增长 1.7%，其中养殖总量占 91.5%，达1 748.1 万吨。

表 2 - 9　2018—2022 年世界贝类产量

单位：万吨

年份	总产量	养殖总量	捕捞总量
2018	1 790.9	1 626.0	164.9
2019	1 794.8	1 616.6	178.2
2020	1 809.2	1 652.1	157.1
2021	1 878.7	1 709.7	169.0
2022	1 911.3	1 748.1	163.2

数据来源：FAO 统计数据库（FishStatJ）。

在世界贝类贸易中，影响双方贸易量的因素有很多，主要包括贸易双方的品种特点、运输距离、是否有共同的区域性贸易协定等。近 20 年，贝类在水产品国际贸易中占据重要地位，进出口贸易额占水产品国际贸易总额的 10% 以上。总体而言，贝类的主要进口市场包括欧盟、美国和日本，其中欧盟是世界贝类第一大进口市场，长年占世界贝类总进口量的约 50%，显示出欧盟强大的消费能力；贝类的主要出口国家为中国、荷兰、西班牙、新西兰、英国、加拿大和美国。

除 2020 年受世界范围的疫情影响之外，2018—2022 年世界贝类进出口量与进出口额基本保持了稳中有升的势头。2022 年世界贝类进出口总量达 202.8 万吨（表 2-10），同比增长 10.6%；进出口总额达 112.6 亿美元，同比增长 14.0%。其中进口总量与出口总量的配比约为 48∶52，进口总额与出口总额的配比约为 47∶53。

表 2-10 2018—2022 年世界贝类进出口概况

年份	进出口总量与总额		出口总量与总额		进口总量与总额	
	总量/万吨	总额/亿美元	总量/万吨	总额/亿美元	总量/万吨	总额/亿美元
2018	183.1	97.3	94.9	51.8	88.2	45.5
2019	187.4	94.8	97.6	50.1	89.8	44.7
2020	165.7	81.1	85.2	42.4	80.5	38.7
2021	183.3	98.8	89.9	50.1	93.4	48.7
2022	202.8	112.6	105.0	59.3	97.8	53.3

数据来源：FAO 统计数据库（FishStatJ）。

二、中国贝类生产和贸易概况

中国是世界上开展贝类养殖最早的国家，早在宋代就有牡蛎、蛤仔的养殖记载，至今已有上千年的历史。中国现代贝类养殖业起源于 20 世纪 60 年代，进入 20 世纪 90 年代之后，贝类养殖业迅速发展，创制了多种养殖模式，培育了多个优良品种，引领了中国海水养殖业发展的"第三次浪潮"。目前，中国拥有世界上规模最大的贝类养殖与加工产业，在贝类养殖生产方面的优势突出。据中国渔业统计年鉴记载，2023 年中国贝类总产量接近 1 714 万吨，依然保持世界上最大贝类生产国的地位。贝类增养殖与加工是中国沿海"蓝色经济"重要支柱之一，作为改革开放后最早发展起来的外向型水产养殖加工业，在中国沿海水产养殖与加工中占有重要地位。据统计，2023 年贝类养殖产量达到 1 665.9 万吨（表 2-11），比 2022 年增长 3.7%，占中国贝类总产量的 97.2%。其中，海水养殖贝类产量 1 646.1 万吨。

表 2-11 2019—2023 年中国贝类产量

单位：万吨

类别	贝类产量				
	2019 年	2020 年	2021 年	2022 年	2023 年
淡水养殖贝类产量	19.0	18.6	19.6	19.0	19.8
淡水捕捞贝类产量	20.5	17.1	14.1	13.2	12.7
海水养殖贝类产量	1 439.0	1 480.1	1 526.1	1 569.6	1 646.1
海水捕捞贝类产量	41.2	36.2	35.9	36.3	35.3
总产量	1 519.6	1 552.0	1 595.7	1 638.0	1 713.9

数据来源：中国渔业统计年鉴。

中国不仅是世界上最大的贝类生产国，也是最大的贝类出口国，2022 年中国贝类出口总量为 20.1 万吨（表 2 - 12），占世界出口总量的 19.1%，出口额为 14.8 亿美元，占世界出口总额的 25.0%。中国的出口市场比较多，但与生产规模的优势相比，出口的优势相对较弱，比如对欧盟的出口量占比很低，相反中国每年会从欧盟进口大量的贝类产品。一方面的原因在于技术性贸易壁垒，另一方面中国在贝类产品的质量安全监测与控制方面，客观上与欧盟的要求尚存在一定的差距。辽宁、山东、广东、福建等贝类养殖加工出口大省，近年来正在通过加强产地养殖环境监测、提高贝类产品养殖—加工—出口全链条质量控制等措施，进一步提升贝类产品的质量。

表 2 - 12　2018—2022 年中国贝类进出口概况

年份	进出口总量与总额		出口总量与总额		进口总量与总额	
	总量/万吨	总额/亿美元	总量/万吨	总额/亿美元	总量/万吨	总额/亿美元
2018	31.0	18.4	20.9	13.4	10.1	5.0
2019	30.2	16.6	20.5	12.0	9.8	4.6
2020	26.9	13.8	18.4	10.6	8.5	3.3
2021	34.0	18.6	21.1	13.7	12.9	5.0
2022	33.3	20.3	20.1	14.8	13.2	5.5

数据来源：FAO 统计数据库（FishStatJ）。

第四节

蟹　类

一、世界蟹类生产和贸易概况

蟹与虾齐名，隶属于甲壳纲、十足目、爬行亚目。海水蟹中最主要的是梭子蟹科的种类，如中国和日本近海的三疣梭子蟹、印度-西太平洋区的常见种锯缘青蟹；其次是属于蜘蛛蟹科的雪蟹及其近似种太平洋雪蟹。淡水蟹则以中华绒螯蟹为典型代表。2018—2022年，世界蟹类生产总量波动不大，整体呈先下降后回升的趋势，2022年总产量达201.8万吨（表2-13）。捕捞总量在2019年达到高峰167.0万吨，随后因受疫情影响总量下降；养殖总量2018年为43.9万吨，其中中华绒螯蟹的产量约占养殖总量的一半，随后几年略有下降。

表 2 - 13　2018—2022 年世界蟹类产量

单位：万吨

年份	总产量	捕捞总量	养殖总量
2018	207.4	163.5	43.9
2019	209.3	167.0	42.3
2020	194.0	151.4	42.6
2021	200.4	157.5	42.9
2022	201.8	158.8	43.0

数据来源：FAO统计数据库（FishStatJ）。

注：由于统计上的差异，中国的养殖总量远低于中国渔业统计年鉴的数据，因此统计数据偏低。

在世界蟹类贸易中，加拿大、美国、泰国、韩国、中国、英国是主要的蟹类出口国，日本、美国、法国和西班牙是主要的蟹类进口国。2023年的厄尔尼诺现象导致海洋温度升高，破坏了海洋生态系统，减少了全球捕捞量，并推高了商品价格。特别是阿拉斯加州，遭受了重大经济损失，渔业盈利能力减半。海洋热浪对鳕鱼和螃蟹等主要物种造成了严重影响，危及这些渔业的长期可持续性。据估计，阿拉斯加州海产品行业的累计损失已达18亿美元，美国GDP也因此损失了43亿美元。世界蟹类进出口总量占世界蟹类总产量的42.2%，因此蟹类是重要的水产贸易品种。2018—2022年，世界蟹类的进出口量维持在较平稳状态，但进出口额有显著增高，2021年最高，达155.9亿美元（表2-14）。

与 2018 年相比，2021 年以来，世界蟹类进出口总量变化不大，但进出口总额显著增加，说明近年来蟹类进出口价格显著上升。

表 2 - 14　2018—2022 年世界蟹类进出口概况

年份	进出口总量与总额		出口总量与总额		进口总量与总额	
	总量/万吨	总额/亿美元	总量/万吨	总额/亿美元	总量/万吨	总额/亿美元
2018	85.4	113.1	44.1	55.5	41.3	57.6
2019	83.5	112.9	42.1	54.8	41.4	58.1
2020	76.6	105.1	38.6	51.1	38.0	54.0
2021	86.0	155.9	43.0	77.7	43.0	78.2
2022	85.1	144.3	42.2	69.7	42.9	74.6

数据来源：FAO 统计数据库（FishStatJ）。

二、中国蟹类生产和贸易概况

中国是世界上最主要的蟹类生产国之一，曾多次年总产量居世界首位。无论是养殖或是捕捞方面，中国蟹类产业均已具备相当规模，有绝对的产量优势。2019—2023 年，中国蟹类总产量基本保持稳定，2023 年总产量达 185.4 万吨（表 2 - 15）。近五年淡水养殖蟹类产量总体呈逐年增长趋势，2023 年产量为 88.9 万吨，对中国蟹类总产量贡献率为 48.0%；海水捕捞蟹类产量维持在较平稳状态，2023 年产量为 65.1 万吨，对中国蟹类总产量的贡献仅次于淡水养殖。

表 2 - 15　2019—2023 年中国蟹类产量

单位：万吨

类别	蟹类产量				
	2019 年	2020 年	2021 年	2022 年	2023 年
淡水养殖蟹类产量	77.9	77.6	80.8	81.5	88.9
淡水捕捞蟹类产量	3.9	3.0	2.5	2.8	2.5
海水养殖蟹类产量	29.4	28.8	28.3	29.1	28.9
海水捕捞蟹类产量	64.7	60.4	64.7	64.8	65.1
总产量	175.9	169.8	176.3	178.1	185.4

数据来源：中国渔业统计年鉴。

中国在世界蟹类贸易发展进程中发挥着越来越显著的作用。2018—2022 年，中国蟹类的进出口总量整体呈先降低后回升的趋势，这种变化趋势主要与进口量的变化相关。近年来中国蟹类出口量整体持续降低，2022 年出口总量为 4.3 万吨（表 2 - 16），远低于进口总量 9.3 万吨；出口额为 6.3 亿美元，仅为进口额的 40.4%。中国出口的蟹类产品主要有活鲜冷的梭子蟹和中华绒螯蟹、冻梭子蟹、制作或保藏的蟹等。中国蟹类出口总量与生产总量相比存在巨大差异，说明中国蟹类在出口贸易中还存在很大差距，应当从产品质量、种类等方面思考，进一步提升国际市场优势，拓展国际市场规模。

表 2-16　2018—2022 年中国蟹类进出口概况

年份	进出口总量与总额		出口总量与总额		进口总量与总额	
	总量/万吨	总额/亿美元	总量/万吨	总额/亿美元	总量/万吨	总额/亿美元
2018	15.5	21.1	7.3	10.3	8.2	10.8
2019	13.3	16.2	5.9	6.3	7.4	9.9
2020	11.7	15.2	4.9	5.6	6.8	9.6
2021	13.7	20.9	5.2	6.7	8.5	14.2
2022	13.6	21.9	4.3	6.3	9.3	15.6

数据来源：FAO 统计数据库（FishStatJ）。

第五节

藻　　类

一、世界藻类的生产和贸易概况

藻类含有人体必需的膳食纤维、海藻多糖、多酚、活性碘、碳水化合物、维生素、矿物质等多种营养成分和生理活性物质，素有"天然微量元素宝库""长寿菜"等美誉，具有独特的风味和营养价值，是优质的碱性食品。人类可以食用的藻类超过 70 种，它们大致可以分为两大类：大型经济海藻、微藻。大型经济海藻包括褐藻类，如海带、裙带菜和马尾藻；红藻类，如紫菜、石花菜和江蓠；绿藻类，如条浒苔、石莼和礁膜。而微藻，这类在陆地和海洋广泛分布的微型自养植物，以其丰富的营养和高效的光合作用而著称。在众多微藻种类中，螺旋藻、小球藻和雨生红球藻等已经实现了产业化。

藻类提供了多样化的产品，它们不仅富含营养，而且在多个领域扮演着关键角色。这些产品不仅可以直接食用或作为饲料，还在医药、纺织和化工行业中被广泛用作原料。更重要的是，藻类养殖对生态环境有着积极的影响。作为水产业的一个关键分支，藻类产业在全球范围内迅速扩张。根据 FAO 的统计，2018—2022 年，全球藻类产量持续增长（表 2 - 17），年均产量达到 3 607.3 万吨（按湿重计算）。其中，养殖藻类平均产量高达 3 495.5 万吨，占总产量的 96.9%；而野生藻类的捕捞量相对较少，大约为 110 万吨。

表 2 - 17　2018—2022 年世界藻类产量及产值

年份	藻类总产量/万吨	捕捞产量/万吨	养殖产量/万吨	总产值/亿美元
2018	3 438.2	95.0	3 343.3	134.4
2019	3 567.3	108.6	3 458.7	147.3
2020	3 624.2	116.3	3 507.9	151.5
2021	3 631.1	114.0	3 517.1	154.5
2022	3 775.7	125.2	3 650.5	169.6

数据来源：FAO统计数据库（FishStatJ）。

2018—2022 年，全球藻类产量排名前十的国家是中国、印度尼西亚、韩国、菲律宾、朝鲜、智利、日本、马来西亚、挪威和坦桑尼亚（表 2 - 18）。这些国家的藻类产量加起来占全球总产量的 99%。在这些国家中，中国是全球最大的藻类生产国。2022 年，中国藻类总产量达到 2 269.8 万吨（按湿重计算），占全球藻类总产量的 60.1%。

表 2-18   2018—2022 年藻类总产量排前十位的国家

单位：万吨

国别	藻类总产量				
	2018 年	2019 年	2020 年	2021 年	2022 年
中国	1 875.9	2 035.1	2 108.3	2 178.9	2 269.8
印度尼西亚	1 036.4	984.3	968.2	914.8	931.0
韩国	171.9	182.0	176.9	185.3	173.7
菲律宾	147.9	150.0	146.9	134.4	154.6
朝鲜	60.3	60.3	60.3	60.3	60.3
智利	26.8	42.8	42.9	41.2	48.0
日本	47.0	41.3	46.2	40.4	38.2
马来西亚	17.4	18.8	18.2	17.9	30.8
挪威	17.1	16.4	15.3	16.0	17.1
坦桑尼亚	10.4	9.7	9.0	7.7	12.1
小计	3 411.1	3 540.7	3 592.2	3 596.9	3 735.6

数据来源：FAO 统计数据库（FishStatJ）。

近年来，全球消费者越来越青睐藻类，将其视为一种可持续且营养丰富的健康食品。亚洲国家在藻类资源的开发和利用上有着悠久的传统；而在欧美，藻类也逐渐成为普通食品和膳食补充剂，出现在消费者的餐桌上，成为一种新兴食品。全球对食用藻类及其加工产品的需求量已超过 1 000 万吨，藻类产业的全球年产值达到 142.1 亿美元，其中大约 85% 是直接或间接供人类食用的食品。藻类提取物，如褐藻胶、琼胶、卡拉胶以及藻酸盐及其酯类等，也是贸易收入的重要来源，占据了全球亲水胶体市场近 40% 的份额。

在国内外双循环的新发展格局下，市场供需共同推动了藻类产品国际贸易的快速发展，藻类在全球水产品贸易中的比重逐年上升。根据 FAO 的全球水产贸易统计数据，2018—2022 年，全球藻类产品的进出口贸易量稳步增长，到 2022 年已接近 130 万吨，贸易额接近 35 亿美元（表 2-19）。尽管近年来水产品国际贸易整体低迷，藻类产品贸易却始终保持良好的发展势头。在全球藻类生产和加工业蓬勃发展的背景下，藻类养殖产量达到了历史新高，它们在提供优质食物来源方面的作用日益凸显。当前，面对国际贸易和市场需求带来的新挑战，藻类产业亟须采取应对措施。

表 2-19   2018—2022 年世界藻类产品进出口概况

年份	进出口总量与总额		出口总量与总额		进口总量与总额	
	总量/万吨	总额/亿美元	总量/万吨	总额/亿美元	总量/万吨	总额/亿美元
2018	107.1	26.8	50.2	12.0	56.9	14.8
2019	112.7	26.2	50.9	11.8	61.8	14.4
2020	113.2	24.4	50.7	10.9	62.5	13.5
2021	121.8	27.6	54.6	12.2	67.2	15.3

（续）

年份	进出口总量与总额		出口总量与总额		进口总量与总额	
	总量/万吨	总额/亿美元	总量/万吨	总额/亿美元	总量/万吨	总额/亿美元
2022	129.2	34.7	57.6	15.5	71.6	19.2

数据来源：FAO统计数据库（FishStatJ）。

二、中国藻类的生产和贸易概况

中国在藻类产业的发展上拥有显著的资源和地理优势，长期以来，中国藻类的养殖和加工规模一直位居世界前列。根据《2024中国渔业统计年鉴》数据，2023年中国藻类总产量达到290.5万吨（干重），其中海藻养殖产量为288.3万吨，主要品种包括海带、江蓠、裙带菜、紫菜和羊栖菜（表2-20），这五种海藻占据了中国海藻养殖总产量的96.5%。相比之下，淡水藻类的产量较低，大约为1.1万吨。中国藻类的捕捞产量大约为2.2万吨。在地域分布上，中国的藻类养殖主要集中在福建省、山东省和辽宁省，这些地区的藻类养殖集中度很高。福建省的藻类产量最高，占据了市场近45%的份额；其次是山东省，市场份额为25%；辽宁省则占20%。这三个省份的藻类产量加起来，占到了全国藻类总产量的90%以上。

表2-20　2018—2023年中国主要海藻养殖品种产量

单位：万吨

养殖品种	藻类产量					
	2018年	2019年	2020年	2021年	2022年	2023年
海带	152.2	162.4	165.2	174.2	143.1	178.0
江蓠	34.8	33.0	36.9	39.9	61.1	54.6
紫菜	21.2	21.2	22.2	19.9	21.8	21.0
裙带菜	17.6	20.2	22.6	21.2	20.6	20.6
羊栖菜	2.3	2.7	2.7	3.1	3.3	4.1

数据来源：中国渔业统计年鉴。

中国在全球藻类产业中扮演着重要角色，不仅在生产上占据领先地位，也是藻类产品的主要消费国和贸易国。随着藻类加工技术的进步和国内居民饮食习惯的变化，中国对藻类产品的需求持续增长。此外，中国的藻类进出口贸易额和数量近年来均呈现增长趋势，显示出良好的发展势头。中国通过差异化的贸易策略，增强了国内产品的国际竞争力。

根据中国水产品进出口贸易统计年鉴的数据，2019—2023年，中国藻类产品的平均年出口量为7.5万吨，出口额达到4.9亿美元。2023年中国出口量排名前五的藻类产品分别是未列名制作或保藏的藻类制品、盐渍裙带菜、盐渍海带、其他裙带菜和烤紫菜（表2-21）。而在出口额方面，2023年排前五位的产品包括烤紫菜、未列名制作或保藏的藻类制品、调味紫菜、盐渍裙带菜和盐渍海带。这些产品主要出口到日本、韩国、美国、俄罗斯等国家和中国台湾地区。特别是中国的紫菜加工产品，包括干紫菜、烤紫菜和调味紫菜，出口规模整体呈上升趋势，占据了国际市场紫菜产品贸易总量的 50% 以上，成为藻类产品国际贸易中出口创汇的主要品种。

表 2 - 21　2019—2023 年中国不同类型藻类产品出口情况统计

产品类型	2019 年出口情况		2020 年出口情况		2021 年出口情况		2022 年出口情况		2023 年出口情况	
	出口额/万美元	出口量/吨	出口额/万美元	出口量/吨	出口额/万美元	出口量/吨	出口额/万美元	出口量/吨	出口额/万美元	出口量/吨
海带	1 777.1	5 062.2	1 697.0	4 515.3	1 511.3	3 163.6	802.0	1 330.6	1 616.6	2 595.6
盐渍海带	4 246.8	11 358.7	4 698.9	10 641.3	4 077.6	8 763.9	4 732.2	8 465.5	4 382.8	7 857.7
干紫菜	2 086.0	1 148.2	2 339.5	1 361.8	2 350.4	1 360.5	2 625.9	1 345.9	1 930.1	1 085.2
调味紫菜	5 454.3	2 404.3	5 590.5	2 311.6	8 153.2	2 932.3	7 450.6	2 461.0	9 012.8	3 038.9
烤紫菜	14 408.8	5 737.2	12 785.9	5 398.1	16 685.0	6 786.9	14 447.0	5 640.5	15 151.6	6 004.9
干裙带菜	6.2	7.0	6.0	13.6	9.8	14.4	5.3	5.7	3.0	5.9
盐渍裙带菜	3 925.1	17 224.6	3 674.7	16 926.2	4 767.8	17 257.5	5 086.0	14 353.4	4 800.1	13 899.4
其他裙带菜	939.8	9 362.2	696.6	7 322.0	662.8	6 465.9	707.9	6 512.2	699.8	6 494.3
干麒麟菜	1.5	3.3	/	/	87.8	572.0	/	/	/	/
干江蓠	29.4	212.1	11.1	66.5	26.9	378.1	25.6	301.3	53.1	408.8
未列名适合供人食用的藻类	332.8	648.7	302.5	590.0	332.3	766.5	377.0	782.5	303.5	777.5
其他不适合供人食用的藻类	303.7	1 992.3	203.0	1 052.2	338.7	1 354.1	374.3	1 685.2	353.7	1 262.0
未列名制作或保藏的藻类制品	11 344.1	24 654.1	10 512.7	22 650.5	13 848.3	30 240.9	14 523.2	25 824.6	14 042.5	28 155.7
藻酸及其盐、酯	41.9	36.6	48.0	48.2	54.6	55.0	41.8	35.0	78.5	64.3
合计	44 897.5	79 851.5	42 566.4	72 898.1	52 906.5	80 111.6	51 198.7	68 743.4	52 428.0	71 650.2

数据来源：中国水产品进出口贸易统计年鉴及中国海关总署。

注："/"表示数据缺失。

根据中国水产品进出口贸易统计年鉴的数据，2019—2023 年，中国藻类产品的年均进口量为 30.1 万吨，进口额达到 5.3 亿美元。在进口量方面，2023 年中国排名前五的藻类产品有干麒麟菜、其他不适合供人食用的藻类、马尾藻、干江蓠和干紫菜（表 2 - 22）。而在进口额方面，2023 年排前五位的产品则包括干麒麟菜、其他不适合供人食用的藻类、调味紫菜、干紫菜和干江蓠，这些产品主要来自印度尼西亚、菲律宾、越南、日本和韩国等国家。特别是从东南亚国家进口的干麒麟菜、干江蓠、马尾藻以及其他不适合供人食用的藻类，主要用于生产褐藻胶、琼胶和卡拉胶等重要的海藻胶产品。

表 2 - 22　2019—2023 年中国不同类型藻类产品进口情况统计

产品类型	2019 年进口情况		2020 年进口情况		2021 年进口情况		2022 年进口情况		2023 年进口情况	
	进口额/万美元	进口量/吨	进口额/万美元	进口量/吨	进口额/万美元	进口量/吨	进口额/万美元	进口量/吨	进口额/万美元	进口量/吨
海带	93.0	158.1	65.7	109.5	75.9	108.4	58.3	120.7	70.6	86.8
盐渍海带	17.2	73.5	18.7	35.1	17.8	38.7	98.9	1 894.3	19.2	528.3
干紫菜	4 359.5	3 375.1	2 043.2	2 022.9	4 463.2	4 067.2	5 401.1	4 694.6	4 782.0	4 217.7
调味紫菜	11 130.1	3 798.4	9 841.1	3 299.2	8 096.8	2 990.5	7 533.4	2 540.1	8 455.1	2 737.0
烤紫菜	151.5	66.7	118.3	59.6	121.2	188.0	102.2	63.4	84.3	35.1
干裙带菜	41.8	99.4	62.5	104.7	85.8	87.0	22.1	16.0	17.7	15.5
盐渍裙带菜	31.8	1 954.8	209.3	6 042.8	110.6	3 174.4	57.0	672.6	50.9	793.8
其他裙带菜	161.7	4 752.0	/	/	/	/	/	/	/	/
干麒麟菜	17 264.1	100 759.7	14 654.5	112 312.4	16 304.3	120 481.6	29 710.2	126 142.3	23 072.2	144 194.4
其他麒麟菜	202.0	1 355.6	161.0	1 354.4	118.7	1 017.0	418.1	1 815.6	168.7	876.6
干江蓠	2 335.5	43 675.0	1 989.0	33 452.8	2 327.8	35 280.7	3 666.0	42 723.0	3 657.2	47 104.6
马尾藻	555.0	21 394.1	646.3	23 366.7	1 530.7	44 700.5	1 641.8	52 953.3	1 311.9	47 385.9
未列名适合供人食用的藻类	130.0	251.12	75.7	219.8	44.7	92.0	73.2	144.7	86.0	250.4
其他不适合供人食用的藻类	9 014.2	85 734.5	9 622.6	87 201.9	14 098.7	104 866.0	23 808.9	111 605.4	17 074.4	96 432.1
未列名制作或保藏的藻类制品	74.5	156.1	26.7	32.3	65.6	31.6	24.6	45.5	94.4	61.4
藻酸及其盐、酯	340.6	121.1	371.9	143.7	383.5	121.4	403.6	171.9	166.9	83.3
合计	45 902.5	267 725.2	39 906.6	269 757.8	47 845.3	317 245.0	73 019.4	345 603.5	59 111.5	344 802.9

数据来源：中国水产品进出口贸易统计年鉴及中国海关总署。

注："/"表示数据缺失。

　　总结来说，经过 60 多年的发展，中国的藻类产业已经成为海洋渔业的一个关键组成部分。全国有超过 500 家涉及海藻育苗、养殖、加工和销售的企业，形成了完整的产业链，为超过 10 万人提供了就业机会，年产值超过 200 亿元。藻类产业不仅是海洋渔业生态链和经济链中不可或缺的一环，而且在推动农民增收、乡村经济振兴、改善饮食结构和修复近海生态等方面发挥了重要作用。

　　作为中国海洋渔业中增长最快、最具活力和效益的产业之一，藻类产业在解决"三农"问题上扮演了重要角色，是中国沿海渔业经济持续发展的关键驱动力。发展海藻产业是中国实践习近平总书记关于建立"大食物观"、构建多元化食物供给体系、既利用陆地也利用海洋资源、建设"蓝色粮仓"的重要措施。中国拥有本土藻类资源优势，为藻类产品的开发提供了基础，但在加工环节多以低端初级产品为主。未来，国内企业应充分利用藻类产业集群的优势，加强产业链内及链间的资源共享与合作，根据区域市场和消费群体的需求，实施产品差异化和细分化发展。同时，加快培育具有国际竞争力的核心企业，探索"核心企业＋中小企业集群＋平台服务"的发展模式，通过产业整体效应促进企业个体成长，提升中国藻类产品在国际上的影响力和竞争力。

第六节

头足类

一、世界头足类生产和贸易概况

头足类动物，包括鱿鱼（如枪乌贼和柔鱼）、墨鱼和章鱼等，构成了远洋渔业的主要捕捞对象，且几乎来源于野生捕捞。在捕获量中，鱿鱼占据了大约75%的比例，而章鱼和墨鱼各占7%~8%，其余种类约占10%。2010—2015年，头足类的年均捕获量为397.6万吨，占全球海洋渔获量的5%以上。然而，自2016年起，受到厄尔尼诺等自然灾害的影响，特别是在阿根廷和秘鲁等海域，水产品产量大幅下降，导致头足类的捕捞量也显著减少。2018—2022年，头足类的年均捕获量为378.4万吨，年均产值达到106.4亿美元（表2-23）。尽管有所波动，但全球头足类的总捕捞产量总体上仍呈现出上升趋势。

表 2 - 23 2018—2022 年世界头足类产量及产值

年份	总产量/万吨	总产值/亿美元
2018	363.2	101.7
2019	367.1	101.3
2020	374.2	102.7
2021	393.0	112.3
2022	394.3	113.8

数据来源：FAO统计数据库（FishStatJ）。

在市场供需的双重推动下，水产品国际贸易迅速增长，头足类在全球贸易中的比重也在逐年上升。2016年头足类捕捞量的减少直接影响了贸易量，但与此同时，贸易价格却出现了显著上涨。根据FAO的全球水产贸易统计数据，2016年全球头足类贸易量达到374.2万吨，贸易额高达161.9亿美元。2017—2019年，头足类水产品的国际贸易逐渐复苏，然而2020年新冠疫情的暴发导致头足类国际贸易急剧下降。随着疫情的逐步控制，渔业市场开始缓慢恢复，从2021年开始，鱿鱼、墨鱼和章鱼等头足类的进出口贸易量激增，2022年贸易额攀升至262.3亿美元（表2-24），创下了历史新高。

表 2 - 24　2018—2022 年世界头足类产品进出口概况

年份	进出口总量与总额		出口总量与总额		进口总量与总额	
	总量/万吨	总额/亿美元	总量/万吨	总额/亿美元	总量/万吨	总额/亿美元
2018	424.6	225.5	221.8	120.9	202.8	104.6
2019	453.8	212.8	234.3	113.9	219.5	98.9
2020	412.6	187.3	214.5	102.3	198.1	85.0
2021	490.0	237.7	251.4	130.8	238.6	106.9
2022	488.9	262.3	250.6	143.1	238.3	119.2

数据来源：FAO 统计数据库（FishStatJ）。

根据 2018—2022 年的全球头足类产品出口统计数据，鱿鱼和墨鱼类产品占据了约85％的市场份额，而章鱼类产品则占 15％。在所有贸易产品中，冷冻类初级加工的头足类产品始终是出口的主力军（表 2 - 25），占到出口总量的 70.2％。紧随其后的是制作或保藏的头足类产品，如罐装和裹粉等深加工产品，它们占出口总量的 25.2％；而鲜活冷藏类产品的占比则相对较小，仅为 2.7％。头足类产品的主要生产国和出口国包括中国、印度、摩洛哥和秘鲁，而主要的进口国（地区）则包括中国、欧盟（特别是意大利和西班牙）、日本、韩国和泰国。

表 2 - 25　2018—2022 年世界不同类型头足类水产品出口情况

单位：万吨

产品类型	出口情况				
	2018 年	2019 年	2020 年	2021 年	2022 年
鲜、活、冷藏鱿鱼、墨鱼	6.1	7.0	7.5	6.0	5.6
冷冻鱿鱼、墨鱼	155.6	167.4	152.8	179.8	175.9
干制、腌制、盐渍、烟熏的鱿鱼、墨鱼和章鱼	3.9	3.3	2.3	2.1	2.2
制作或保藏的头足类产品	56.2	56.6	51.9	63.5	66.9
合计	221.8	234.3	214.5	251.4	250.6

数据来源：FAO 统计数据库（FishStatJ）。

从消费需求的角度来看，头足类的消费受到地域、民族和经济发展水平的影响。因此，出口国应根据进口国消费者的特定需求，利用自身的优势进行有针对性的贸易活动。随着消费者需求的日益多样化，市场上对深加工和具有特定风味的头足类产品（尤其是章鱼产品）的需求逐渐增长，这类产品的贸易活动也变得更加活跃。

二、中国头足类生产和贸易概况

中国在全球头足类水产品生产中占据领先地位，中国头足类水产品的产量大约占全球总产量的 30%。在出口方面，中国的头足类产品出口额在全球同类产品出口额中的平均占比高达 39.8%，稳居出口国之首。作为中国的优势出口水产品，头足类在优化渔业产业结构和提升国际竞争力方面起到了积极作用。2015—2019 年，中国的头足类水产品贸易经历了快速增长、增速放缓和平稳增长的阶段，整体呈现出持久稳定的增长趋势。头足类产品的出口量在中国所有水产品中一直名列前茅，主要出口市场包括日本、韩国、美国、中国香港以及西班牙、泰国、菲律宾等。

然而，随着国际市场需求的多样化和进口市场需求结构的复杂化，加之近年来实施的大量渔业管理措施导致原料供应紧张，全球头足类贸易市场规模有所缩减。2018—2020年，中国的头足类国际市场份额和出口增长率出现了下降趋势。不过，从 2021 年开始，中国的头足类产品进出口贸易量有所回升（表 2 - 26）。

表 2 - 26　2018—2022 年中国头足类捕捞产量及进出口贸易情况

年份	总产量/万吨	出口量/万吨	出口额/亿美元	进口量/万吨	进口额/亿美元
2018	56.99	56.82	39.48	23.78	6.87
2019	56.92	52.21	36.37	40.51	10.45
2020	56.49	48.23	35.87	31.92	7.83
2021	58.55	58.76	45.83	49.41	11.28
2022	59.15	62.76	51.37	35.35	10.44

数据来源：中国渔业统计年鉴和 FAO 统计数据库（FishStatJ）。

中国在头足类产品的消费和进口方面占据重要地位。主要的进口市场包括秘鲁、朝鲜、韩国、美国、新西兰以及中国台湾，这些市场在进口比例上大致相当。在进口产品类型上，主要是冷冻、干制、烟熏和盐渍类产品，而加工制作类产品的数量相对较少。进口的头足类品种主要是茎柔鱼和太平洋褶柔鱼，这些产品的价格相对较低，通常作为进料加工的原料，经过进一步加工后，再次出口或在国内市场销售。

总体而言，中国头足类水产品在国际市场上具有较强的竞争优势，无论是在价格还是市场占有率方面都展现出了显著的市场竞争力。这反映了中国在面对国际市场需求疲软和水产品消费萎缩的情况下，实施"调整结构、保证质量、创造特色"的发展战略所取得的成效。然而，成本上升、汇率波动、结构性产能过剩和同构竞争等问题仍需给予高度重视。

第七节

棘皮动物类

一、世界棘皮动物类生产和贸易概况

棘皮动物门（Echinodermata）是由希腊字"echinos"（意为"棘刺"）和"derma"（意为"表皮"）两个词组成，意思就是"皮上有棘的动物"。棘皮动物体壁含有内骨骼且骨骼常突出于体表形成"棘"，由此得名。

棘皮动物是一个古老的类群，可追溯至5亿多年以前的古生代寒武纪。棘皮动物在海洋中广泛存在，从热带海域到寒带海域，从潮间带到数千米的深海都有分布。棘皮动物几乎全营底栖生活，栖息环境多种多样，如岩岸、珊瑚礁以及各种砂底。棘皮动物门含5个纲，分别为海百合纲（Crimnoidea）、海星纲（Asteroidea）、蛇尾纲（Ophiuroidea）、海胆纲（Echinoidea）和海参纲（Holothuroidea）。棘皮动物类水产品含有丰富的蛋白质和黏多糖，营养和药用价值极高。海参纲是棘皮动物门中最具经济价值的一个纲。

随着国际贸易多样化和便利化的迅速发展，世界棘皮动物类的生产、贸易和消费都有了很大的增长。人们对蛋白质的需求从肉蛋类转移到水产品，对水产品的营养学评价和保健功能的评价不断提高，对水产品的需求从量的扩充到质的扩充。据FAO数据统计，2018—2022年，世界棘皮动物类的总产量呈现逐年增长的趋势，2022年总产量创新高，达到37.4万吨（表2-27），为五年中最高。捕捞产量在2018年和2019年保持在12.8万吨，之后基本逐年下降，到2022年减少到10.8万吨。与此同时，养殖产量则基本呈现逐年增加的趋势，但在2019年略有下降，2022年养殖产量达到26.6万吨，养殖产量的增加离不开养殖技术的进步和市场需求的增长。与总产量的变化趋势相似，世界棘皮动物类的总产值也呈现逐年增长的态势。虽然总产量在2019年有所下降，但总产值仍然保持不变。从2020年开始，随着产量的增加，产值也相应增加，显示出产量增长对产值提升的正面影响。捕捞产量虽有所下降，但并未对总产值产生显著负面影响。这表明养殖产业在世界棘皮动物类市场中的地位越来越重要。

表 2 - 27　2018—2022 年世界棘皮动物类产量及产值

年份	总产量/万吨	捕捞产量/亿美元	养殖产量/万吨	总产值/亿美元
2018	31.5	12.8	18.7	11.8
2019	31.4	12.8	18.6	11.8

（续）

年份	总产量/万吨	捕捞产量/亿美元	养殖产量/万吨	总产值/亿美元
2020	33.3	12.1	21.2	13.4
2021	35.3	10.7	24.6	15.6
2022	37.4	10.8	26.6	16.9

数据来源：FAO 统计数据库（FishStatJ）。

2018—2022 年棘皮动物类总产量排前十位的国家包括中国、智利、俄罗斯、加拿大、日本、尼加拉瓜、印度尼西亚、韩国、冰岛、美国（表 2-28），以上 10 个国家的棘皮动物类产量总和占全球总产量的 93% 以上。中国是全球最大的棘皮动物类生产国，2022 年中国棘皮动物类总产量为 25.4 万吨，占全球总产量的 71.6%。这主要得益于中国先进的养殖技术、巨大的市场需求和政府的大力支持。其他国家的产量变化可能受到自然资源、市场需求、技术进步、环境保护政策和经济状况等多种因素的影响。

表 2-28 2018—2022 年棘皮动物类总产量排前十位的国家

单位：万吨

国别	棘皮动物类总产量				
	2018 年	2019 年	2020 年	2021 年	2022 年
中国	18.3	18.0	20.5	23.6	25.4
智利	3.1	3.3	3.7	2.7	2.7
俄罗斯	1.8	2.3	2.2	2.5	2.7
加拿大	1.6	1.7	1.5	1.6	1.4
日本	1.5	1.5	1.3	1.2	1.2
尼加拉瓜	0.8	0.6	0.4	0.6	0.6
印度尼西亚	1.0	0.5	0.4	0.4	0.3
韩国	0.5	0.5	0.3	0.4	0.3
冰岛	0.6	0.6	0.2	0.3	0.3
美国	0.4	0.4	0.3	0.3	0.3
小计	29.7	29.4	30.7	33.4	35.5

数据来源：FAO 统计数据库（FishStatJ）。

在世界棘皮动物类产品市场供给和需求共同增长的双重推动下，棘皮动物类产品国际贸易迅速发展。据 FAO 全球水产贸易统计数据记载，从 2018—2022 年，世界棘皮动物类进出口总量先经历增长，然后下降，之后又增长。2020 年的下降可能与全球新冠疫情有关，影响了国际贸易。2022 年世界棘皮动物类进出口总量达 8.7 万吨，进出口总额 17.2 亿美元（表 2-29），一直保持良好的发展势头，其中进口与出口的配比约各半。近年来，棘皮动物类产品需求较为稳定，消费者将其视作健康可持续的食品选择。

表 2-29 2018—2022 年世界棘皮动物类产品进出口概况

年份	进出口总量与总额		出口总量与总额		进口总量与总额	
	总量/万吨	总额/亿美元	总量/万吨	总额/亿美元	总量/万吨	总额/亿美元
2018	7.9	15.1	4.2	7.4	3.7	7.7
2019	8.7	16.7	4.2	8.2	4.5	8.5
2020	7.1	14.3	3.1	6.9	4.0	7.4
2021	7.6	14.8	3.4	7.0	4.2	7.8
2022	8.7	17.2	4.0	8.1	4.7	9.1

数据来源：FAO 统计数据库（FishStatJ）。

二、中国棘皮动物类生产和贸易概况

中国是世界上重要的棘皮动物类生产国之一，中国棘皮动物类产业均已具备相当规模，具有绝对的产量优势。2019—2023 年，中国棘皮动物类总产量逐年增加，2023 年总产量超过 29.7 万吨（表 2-30）。

中国海参是单一产值最大的海产品。从海参的销售品种来看，海参的种类主要有北方的刺参以及南方的梅花参、茄参等，其中刺参营养价值较高，价格相对昂贵，具有较高的市场占有率，主要产于大连、烟台、威海等沿海城市。

表 2-30 2019—2023 年中国主要棘皮动物类养殖品种产量

单位：万吨

养殖品种	棘皮动物类产量				
	2019 年	2020 年	2021 年	2022 年	2023 年
海参	17.2	19.7	22.3	24.9	29.2
海胆	0.8	0.8	1.4	0.5	0.5

数据来源：中国渔业统计年鉴。

中国棘皮动物类水产品的开发丰富了全世界水产加工品市场，是各国出口创汇的高档海产品，为消费者提供了健康营养食物，市场前景广阔。据中国水产品进出口贸易统计年鉴记载，中国棘皮动物类产品的出口在 2019—2023 年表现出一定的波动，但整体上呈增长趋势，年均出口量为 293.3 吨，出口额为 1 673.8 万美元。如表 2-31 所示，2023 年中国出口量排前五位的棘皮动物类产品包括冻海参，冻海胆，活、鲜或冷的海胆（种苗除外），活、鲜或冷的海参（种苗除外），冻、干、盐腌、盐渍或熏制海参。冻海参和活、鲜或冷的海参是出口增长的主要驱动力。中国海参以其高品质和丰富的种类，受到了许多国家和地区的青睐。主要出口到日本、韩国、印度尼西亚、中国香港、澳大利亚、新加坡、韩国、加拿大、马来西亚等市场，可以看出，东南亚地区对于中国海参有着较大的需求。未来的出口增长可能会受到国内外市场和政策环境的影响。

表 2-31　2019—2023 年中国不同类型棘皮动物类产品出口情况统计

产品类型	2019 年出口情况		2020 年出口情况		2021 年出口情况		2022 年出口情况		2023 年出口情况	
	出口额/万美元	出口量/吨	出口额/万美元	出口量/吨	出口额/万美元	出口量/吨	出口额/万美元	出口量/吨	出口额/万美元	出口量/吨
海参种苗	2.9	0.5	5.7	1.3	/	/	/	/	1.3	1.0
活、鲜或冷的海参（种苗除外）							1.4	1.3	27.9	21.7
冻海参	132.4	126.6	232.1	74.9	123.9	3.9	220.3	131.5	370.4	170.3
冻、干、盐腌、盐渍或熏制海参	263.0	34.0	715.8	96.6	339.0	52.0	19.8	1.7	54.5	4.6
海胆种苗	/									
活、鲜或冷的海胆（种苗除外）	713.0	100.6	926.9	109.1	782.8	72.0	808.4	46.8	689.9	36.8
冻海胆	320.5	68.4	735.1	200.6	22.4	5.0	221.9	41.8	326.8	61.8
冻、干、盐腌、盐渍或熏制的海胆	6.7	1.7	4.4	0.5						

数据来源：中国水产品进出口贸易统计年鉴。

注："/"表示数据缺失。

据中国水产品进出口贸易统计年鉴记载，2019—2023 年中国棘皮动物类产品的年均进口量为 0.8 万吨，进口额为 30 387.5 万美元。中国棘皮动物类产品的进口从鲜活产品到加工产品均有涵盖，显示了国内市场对不同类型产品的多样化需求。中国进口量排前五位的棘皮动物类产品包括冻海参、冻、干、盐腌、盐渍或熏制海参、活、鲜或冷的海胆（种苗除外）、活、鲜或冷的海参（种苗除外）、冻海胆（表 2-32）。早些年，海参产品的进口主要依赖于边境贸易方式。随着国家政策的收紧和规范，海参产品的进口逐步转向一般贸易方式申报方式进口。目前，主要进口市场有美国、越南、印度尼西亚、智利、新西兰、墨西哥、土耳其、加拿大、法国、韩国、澳大利亚、冰岛以及中国台湾、中国香港等。贸易量较大的干海参产品有中国和日本的干仿刺参、加拿大和冰岛的干叶瓜参、阿拉斯加的干拟刺参、俄罗斯的干关东参、澳大利亚的干秃参、墨西哥的干海参等。东南亚地区是海参的主要消费市场，中国是全球最大的海参生产国和消费国。

表 2-32　2019—2023 年中国不同类型棘皮动物类产品进口情况统计

产品类型	2019 年进口情况		2020 年进口情况		2021 年进口情况		2022 年进口情况		2023 年进口情况	
	进口额/万美元	进口量/吨	进口额/万美元	进口量/吨	进口额/万美元	进口量/吨	进口额/万美元	进口量/吨	进口额/万美元	进口量/吨
活、鲜或冷的海参（种苗除外）	11.7	11.7	29.6	25.1	2.1	2.1	1.0	0.9	1.4	1.4

（续）

产品类型	2019 年进口情况		2020 年进口情况		2021 年进口情况		2022 年进口情况		2023 年进口情况	
	进口额/万美元	进口量/吨	进口额/万美元	进口量/吨	进口额/万美元	进口量/吨	进口额/万美元	进口量/吨	进口额/万美元	进口量/吨
冻海参	2 700.5	6 367.8	4 753.8	8 336.0	2 770.7	4 764.9	2 785.7	7 615.1	2 239.4	6 195.3
冻、干、盐腌、盐渍或熏制海参	1 086.9	445.9	6 443.2	3 783.3	4 813.2	2 965.1	572.7	390.6	38.1	16.9
海胆种苗	/	/	0.02	0.00	/	/	/	/	/	/
活、鲜或冷的海胆（种苗除外）	91.9	33.9	89.7	44.0	87.4	41.3	1 183.6	143.1	683.8	157.3
冻海胆	0.01	0.02	0.01	0.00	0.001 5	0.015	/	/	/	/
冻、干、盐腌、盐渍或熏制的海胆	/	/	/	/	1.2	0.2	/	/	/	/

数据来源：中国水产品进出口贸易统计年鉴。

注："/"表示数据缺失。

中国棘皮动物类产品的进出口对于促进贸易便利化、降低企业成本、激发市场活力、丰富市场供应、推动产业升级、提升国际竞争力以及促进农业国际合作具有重要意义。

总之，棘皮动物类产品，特别是海参，是中国重要的水产养殖种类之一。中国拥有丰富的棘皮动物资源，包括海参和海胆等，这些产品的出口不仅为国内外市场提供了高质量的滋补品，还促进了国内外贸易的发展。随着消费者对健康食品的追求，以及对高端食材的偏好，海参和海胆的消费量可能会继续增长。然而，市场也面临着经济、环境和技术等方面的挑战。为了满足市场需求，行业从业者需要关注消费者偏好的变化，并采取可持续的生产和贸易实践。

CHAPTER 3 | 第三章

中国水产品贸易主要省份情况

随着全球进入后疫情时代，全球的农产品贸易正在经历艰难复苏，水产品作为高营养高价值产品，其贸易更易受到多种因素干扰。根据《2024中国渔业统计年鉴》记载，2023年中国水产品进出口总额为442.3亿美元，比2022年下降6.3%。进出口总量达1 056.0万吨，增长3.2%。其中出口量为378.8万吨，增长0.7%；进口量为676.2万吨，增长4.5%，随着出口增速放缓、进口激增，中国水产品贸易自2022年首次出现逆差，2023年逆差扩大。2023年是中国水产养殖业的一个重要转折。一方面，水产饲料产量首次出现下降，全球鱼粉供应的有限性也制约了水产养殖量的进一步增长。另一方面，水产品市场行情的疲软导致了压塘现象的出现，养殖周期相应延长。此外，珠三角等地区的水面租金也出现了下降。种种迹象表明，水产养殖业可能正在从单纯追求"量"的快速增长，转向更加注重"质"的提升阶段。

中国水产品贸易内部受区位条件、产业结构以及资源禀赋的影响，基本形成了以沿海经济带为主体，以山东半岛和珠三角地区为核心的"一带两核"贸易格局。中国水产品加工行业地域差别明显，水产品加工企业大多分布在东部海运发达地区。2023年，福建、山东、广东、辽宁、浙江、海南等沿海省份仍是中国水产品主要出口区，出口量、出口额之和分别占中国水产品出口总量、出口总额的98.4%和96.9%。目前，中国的水产品出口主要依靠来料加工、海水养殖、海洋捕捞。而海水养殖和海洋捕捞原料的深加工出口将是未来水产品出口的发展趋势。以福建和山东为例，两省份2023年水产品出口额分别为74.1亿美元和45.3亿美元，占全国水产品出口总额的36.2%和22.1%，是中国目前水产品出口额的第一名和第二名；2023年两省份的海水养殖产值分别为1 125.5亿元和1 181.0亿元，海洋捕捞产值分别为420亿元和350亿元，分别占全国海水养殖产值的23.0%、24.2%和海洋捕捞产值的16.0%、13.4%，同样是中国海水养殖和海洋捕捞产值的第一名和第二名。展望未来，中国水产养殖的走势将受到综合竞争力的影响：一些品类可能会出现萎缩，而一些特有品种仍有增长潜力；受消费多样性的驱动，市场将同时面临结构性的过剩和不足；此外，由于区域发展的不平衡，新疆、西藏等西部地区仍具有发展水产养殖的潜力和动力。

与十年前相比，各省水产品贸易从贸易顺差逐渐转为贸易逆差，并有逐年扩大的趋势。作为全球最大的水产品消费国和进口国，中国水产品进口贸易在全球化推动下曾保持快速增长，但受疫情影响出现阶段性回落。以厄瓜多尔南美白对虾出口为例，2023年上半年对中国出口量和出口额分别同比大幅增长62.2%和35.7%，引发低价倾销现象，导致中国市场呈现"量增价跌"特征；而2024年上半年，其出口量和出口额分别同比下降8.6%和22.9%，但超低价策略未能提振需求，表明市场已进入"量价齐跌"的新阶段。

第一节

水产品贸易主要省份综述

一、主要省份水产品贸易规模

2023 年，水产品贸易额超过 10 亿美元的省份有 7 个，分别为福建、山东、广东、浙江、辽宁、上海和北京（图 3-1），较 2022 年减少 1 个，同 2019 年持平，合计占中国水产品贸易总额的 86.6%。水产品贸易额在 1 亿～10 亿美元的省份有 13 个，贸易额占中国水产品贸易额的 12.7%。水产品贸易额在 1 亿美元以下的省份有 11 个，贸易额占中国水产品贸易额的 0.8%。

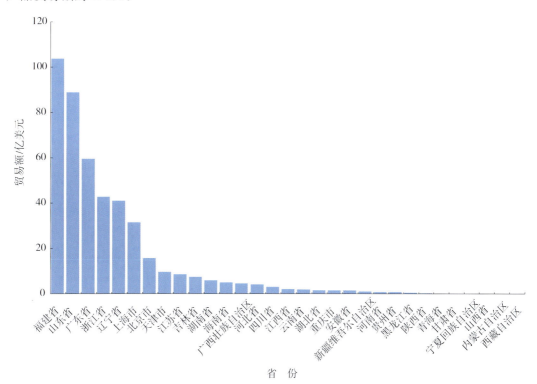

图 3-1 2023 年中国各省（自治区、直辖市）水产品贸易额
数据来源：中国海关总署官网。本章后图同。

2023 年，水产品出口额居前五位的省份依次是福建、山东、广东、浙江、辽宁，合计占中国出口总额的 90.5%，较 2019 年增长 1.6 个百分点，五省份出口额均在 19 亿美元以上。进口额居前五位的省份依次是山东、广东、上海、福建、浙江，合计占中国进口总额的 68.1%，较 2019 年增长 3.1 个百分点，五省份出口额均在 23 亿美元以上。

二、2019—2023 年中国水产品贸易主要省份变化情况

2023 年 25 个省份水产品贸易额较 2019 年增加，增幅在前五位的分别为福建、浙江、北京、湖南和山东，增幅超过 1 倍的省份有 13 个。5 个省份贸易额较 2019 年下降，分别为陕西、天津、辽宁、广东、海南，降幅分别为 66.7%、49.8%、25.3%、10.0%、1.6%。

2023 年 19 个省份水产品出口较 2019 年增加，增幅在前五位的分别为福建、四川、浙江、江苏、北京，增幅超过 1 倍的省份有 9 个。10 省份出口额较 2019 年下降，分别为山西、云南、河北、广西、海南、湖北、江西、山东、辽宁、广东，降幅分别为 74.2%、99.3%、19.3%、3.8%、5.7%、6.4%、60.2%、11.6%、23.8%、25.0%。

2023 年 27 个省份水产品进口额较 2019 年增加，增幅在前五位的分别为浙江、福建、山东、北京、湖南，增幅超过 1 倍的省份有 19 个。3 个省份进口额较 2019 年下降，分别为辽宁、宁夏、天津，降幅分别为 27.1%、37.7%、51.1%。

第二节

福 建 省

一、2019—2023 年福建省水产品贸易总体情况

2023 年福建省水产品进出口总量为 221.0 万吨（图 3-2），占中国水产品进出口总量的 20.9%，较 2019 年增长 20.0%。其中，进口量 118.2 万吨，占中国水产品进口量的 17.5%，较 2019 年增长 34.8%；出口量 102.8 万吨，占中国水产品出口量的 27.1%，较 2019 年增长 18.0%。

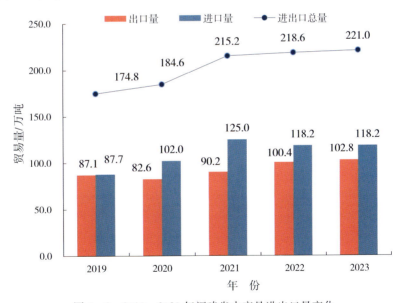

图 3-2 2019—2023 年福建省水产品进出口量变化

福建省水产品贸易额稳步增长，贸易额由 2019 年的 74.4 亿美元增加到 2023 年的 103.7 亿美元（图 3-3），年均增长 7.9%。其中，进口额从 18.9 亿美元增加到 29.6 亿美元，年均增长 11.3%；出口额从 55.5 亿美元增加到 74.1 亿美元，年均增长 6.7%；贸易顺差由 36.6 亿美元增加至 44.5 亿美元。

福建省水产品贸易额占中国水产品贸易总额的 23.4%，较 2019 年增长 4.5 个百分点，位居中国第一。其中，出口额占中国水产品出口总额的 36.2%，增长 9.3 个百分点，位居中国第一；进口额占中国水产品进口总额的 12.4%，增长 2.3 个百分点，位居中国第四。

图 3-3　2019—2023 年福建省水产品进出口额变化

从贸易额变量情况来看，其他年份增长，2023 年略有下降，与当前全球经济下行相关。其中，2021 年增速最快，为 27.5%。从进口额变化情况来看，每年均增长。其中，2022 年增速最快，为 23.4%。从出口额变化情况来看，仅 2023 年同比下降，其他年份均增长。其中，2021 年增速最快，为 32.3%。

二、2023 年福建省水产品贸易情况

2023 年福建省水产品贸易额同比下降 9.4%，较 2022 年增速下降 21.6 个百分点；进口额同比增长 2.1%，较 2022 年增速下降 21.1 个百分点；出口额同比下降 13.4%，较 2022 年增速下降 22.2 个百分点。

福建省前五大出口水产品分别是墨鱼及鱿鱼、鳗鱼、鲭鱼、鲍鱼和黄鱼，出口额合计达 36.0 亿美元，占全省水产品出口额的 48.5%。其中，鲭鱼同比增长 15.9%，墨鱼及鱿鱼、鳗鱼、鲍鱼和黄鱼分别同比下降 35.0%、11.0%、19.7%、13.3%。前五大进口水产品分别是饲料用鱼粉、墨鱼及鱿鱼、对虾、麒麟菜和鳗鱼，进口额合计达 21.6 亿美元，占全省水产品进口额的 72.9%。其中，对虾、麒麟菜分别同比下降 2.3%、26.9%，饲料用鱼粉、墨鱼及鱿鱼和鳗鱼分别同比增长 2.8%、40.5% 和 16.5%。（表 3-1）。

表 3-1　2023 年福建省主要贸易水产品贸易情况

出口商品	出口额/亿美元	同比增长/%	占比/%	进口商品	进口额/亿美元	同比增长/%	占比/%
墨鱼及鱿鱼	19.0	−35.0	25.6	饲料用鱼粉	12.6	2.8	42.5
鳗鱼	6.1	−11.0	8.2	墨鱼及鱿鱼	3.5	40.5	11.8
鲭鱼	5.1	15.9	6.9	对虾	3.2	−2.3	10.8
鲍鱼	3.4	−19.7	4.6	麒麟菜	1.3	−26.9	4.4
黄鱼	2.4	−13.3	3.2	鳗鱼	1.0	16.5	3.4

数据来源：中国海关总署官网。本章后表同。

福建省水产品前五大出口市场分别是马来西亚、泰国、中国台湾、菲律宾、韩国，出口额合计占全省水产品出口额的59.7%，出口额分别同比下降6.1%、25.4%、16.6%、26.5%、26.7%。前五大进口来源地分别是印度尼西亚、秘鲁、印度、越南、智利，进口额合计占全省水产品进口额的53.0%。其中，自秘鲁、越南进口额分别同比下降40.7%、17.6%，自印度尼西亚、智利、印度进口额分别同比增长9.3%、19.5%和93.4%（表3-2）。

表3-2　2023年福建省水产品出口市场和进口来源地贸易情况

出口市场	出口额/亿美元	同比增长/%	占比/%	进口来源地	进口额/亿美元	同比增长/%	占比/%
马来西亚	13.4	−6.1	18.1	印度尼西亚	5.1	9.3	17.2
泰国	11.0	−25.4	14.8	秘鲁	4.2	−40.7	14.2
中国台湾	9.0	−16.6	12.1	印度	2.8	93.4	9.5
菲律宾	6.7	−26.5	9.0	越南	1.9	−17.6	6.4
韩国	4.2	−26.7	5.7	智利	1.7	19.5	5.7

第三节

山东省

一、2019—2023 年山东省水产品贸易总体情况

2023 年山东省水产品进出口总量为 239.2 万吨（图 3-4），占中国水产品进出口总量的 22.7%，较 2019 年降低 2.8%。其中，进口量 149.0 万吨，占中国水产品进口量的 22%，较 2019 年增长 13.1%；出口量 90.2 万吨，占中国水产品出口量的 23.8%，较 2019 年下降 21.1%。

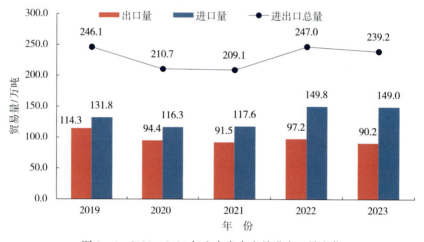

图 3-4 2019—2023 年山东省水产品进出口量变化

山东省水产品贸易额稳步增长，贸易额由 2019 年的 85.5 亿美元增加到 2023 年的 88.8 亿美元（图 3-5），年均增长 0.8%。其中，进口额从 34.2 亿美元增加到 43.5 亿美元，年均增长 5.4%；出口额从 51.3 亿美元减少到 45.3 亿美元，呈现下降趋势；贸易顺差由 17.1 亿美元降至 1.8 亿美元。

山东省水产品贸易额占中国水产品贸易总额的 22.1%，较 2019 年下降 1.6 个百分点，位居中国第二。其中，出口额占中国水产品出口总额的 22.1%，下降 2.6 个百分点，位居中国第二；进口额占中国水产品进口总额的 18.3%，增长 0.1 个百分点，位居中国第一。

从贸易额变化情况来看，2020 年、2023 年下降，其他年份增长。其中，2022 年增速

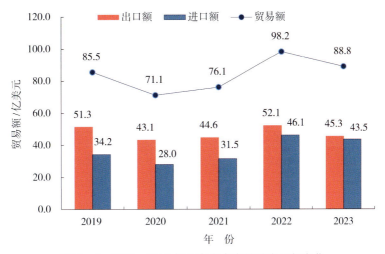

图3-5 2019—2023年山东省水产品进出口额变化

最快，为 29.0%。从进口额变化情况来看，2020 年、2023 年同比下降，其他年份均增长。其中，2022 年增速最快，为 46.3%。从出口额变化情况来看，2020 年、2023 年下降，其他年份增长。其中，2022 年增速最快，为 16.8%。

二、2023 年山东省水产品贸易情况

2023 年山东省水产品贸易额同比下降 9.5%，较 2022 年增速下降 38.5 个百分点；进口额同比下降 5.6%，较 2022 年增速下降 38.5 个百分点；出口额同比下降 13.0%，较 2022 年增速下降 29.8 个百分点。

山东省前五大出口水产品分别是鳕鱼、墨鱼及鱿鱼、章鱼、对虾和比目鱼，出口额合计 23.9 亿美元，占全省水产品出口额的 52.7%。其中，墨鱼及鱿鱼出口额同比增长 2.3%，鳕鱼、章鱼、对虾、比目鱼分别同比下降 26.6%、5.8%、9.8%、13.1%。前五大进口水产品分别是对虾、鳕鱼、墨鱼及鱿鱼、庸鲽鱼、马哈鱼，进口额合计 25.2 亿美元，占全省水产品进口额的 57.9%。其中，对虾、墨鱼及鱿鱼分别同比增长 55.0%、55.2%，鳕鱼、马哈鱼、庸鲽鱼分别同比下降 34.9%、31.6% 和 16.9%（表3-3）。

表3-3 2023 年山东省主要贸易水产品贸易情况

出口商品	出口额/亿美元	同比增长/%	占比/%	进口商品	进口额/亿美元	同比增长/%	占比/%
鳕鱼	9.9	−26.6	21.9	对虾	9.0	55.0	20.7
墨鱼及鱿鱼	9.3	2.3	20.5	鳕鱼	7.9	−34.9	18.2
章鱼	2.1	−5.8	4.6	墨鱼及鱿鱼	4.8	55.2	11.0
对虾	1.4	−9.8	3.1	庸鲽鱼	1.8	−16.9	4.1
比目鱼	1.2	−13.1	2.6	马哈鱼	1.7	−31.6	3.9

山东省水产品前五大出口市场分别是日本、韩国、美国、英国、德国，出口额合计占

全省水产品出口额的 72.5%。其中，对日本出口额同比下降 10.0%，对美国、韩国、德国、英国出口额分别同比增长 28.0%、4.3%、6.2%、4.1%。前五大进口来源地分别是俄罗斯、美国、厄瓜多尔、挪威、加拿大，进口额合计占全省水产品进口额的 68.2%。其中，自俄罗斯、挪威进口额分别同比下降 0.3%、0.5%，自美国、厄瓜多尔、加拿大分别同比增长 0.4%、0.5%、0.04%（表 3-4）。

表 3-4 2023 年山东省水产品出口市场和进口来源地贸易情况

出口市场	出口额/亿美元	同比增长/%	占比/%	进口来源地	进口额/亿美元	同比增长/%	占比/%
日本	18.9	−10.0	35.6	俄罗斯	8.7	−0.3	19.9
韩国	6.7	4.3	10.7	美国	8.7	0.4	20.0
美国	5.5	28.0	13.8	厄瓜多尔	6.8	0.5	15.5
英国	3.1	4.1	5.3	挪威	3.2	−0.5	7.4
德国	0.1	6.2	7.1	加拿大	2.4	0.04	5.4

第四节

广 东 省

一、2019—2023 年广东省水产品贸易总体情况

2023 年广东省水产品进出口总量为 122.8 万吨（图 3-6），占中国水产品进出口总量的 11.6%，较 2019 年降低 27.6%。其中，进口量 77.0 万吨，占中国水产品进口量的 11.4%，较 2019 年下降 31.1%；出口量 45.8 万吨，占中国水产品出口量的 12.1%，较 2019 年下降 20.8%。

图 3-6　2019—2023 年广东省水产品进出口量变化

从广东省贸易额的变化情况看，除 2020 年和 2023 年，其他年份均增长，贸易额由 2019 年的 66.1 亿美元减少到 2023 年的 59.5 亿美元（图 3-7），呈现波动状态。其中，进口额从 34.1 亿美元增加到 35.5 亿美元，年均增长 0.8%；出口额从 32.0 亿美元减少至 24.0 亿美元，年均下降 5.0%；2019 年、2022 年和 2023 年均为贸易逆差，贸易逆差由 2019 年的 2.1 亿美元变成 2023 年的 11.5 亿美元。

2023 年，广东省水产品贸易额占中国水产品贸易总额的 16.8%，较 2019 年下降 3.3 个百分点，位居中国第三。其中，出口额占中国水产品总额的 11.8%，下降 3.8 个百分点，位居中国第三；进口额占中国水产品进口总额的 15.4%，下降 3.3 个百分点，位居

中国第二。

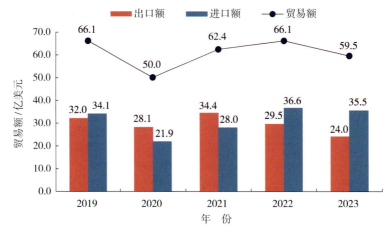

图 3-7 2019—2023 年广东省水产品进出口额变化

从贸易额变量情况来看，2020 年和 2023 年下降，其他年份增长。其中，2021 年增速最快，为 24.8%。从进口额变化情况来看，2020 年和 2023 年同比下降，其他年份均增长。其中，2022 年增速最快，为 30.7%。从出口额变化情况来看，仅 2021 年增长，其他年份均下降。2021 年增速为 22.4%。

二、2023 年广东省水产品贸易情况

2023 年广东省水产品贸易额同比下降 10.0%，较 2022 年增速下降 16.0 个百分点；进口额同比下降 3.0%，较 2022 年增速提高 33.6 百分点；出口额同比下降 18.6%，较 2022 年增速提高 4.1 个百分点。

广东省前五大出口水产品分别是罗非鱼、对虾、鳗鱼、墨鱼及鱿鱼、鲤鱼，出口额合计 14.9 亿美元，占全省水产品出口额的 61.8%。罗非鱼、对虾、鳗鱼、墨鱼及鱿鱼、鲤鱼分别同比下降 34.2%、12.3%、1.4%、30.6% 和 5.1%。前五大进口水产品分别是对虾、饲料用鱼粉、鲑鱼、鲇鱼、养殖珍珠，进口额合计 20.2 亿美元，占全省水产品进口额的 56.9%。其中，鲑鱼同比增长 13.5%，对虾、饲料用鱼粉、鲇鱼、养殖珍珠分别同比下降 8.1%、13.7%、17.4% 和 36.5%（表 3-5）。

表 3-5 2023 年广东省主要贸易水产品贸易情况

出口商品	出口额/亿美元	同比增长/%	占比/%	进口商品	进口额/亿美元	同比增长/%	占比/%
罗非鱼	5.6	−34.2	23.2	对虾	12.9	−8.1	36.3
对虾	4.5	−12.3	18.7	饲料用鱼粉	3.5	−13.7	9.9
鳗鱼	2.6	−1.4	10.8	鲑鱼	1.9	13.5	5.4
墨鱼及鱿鱼	1.1	−30.6	4.6	鲇鱼	1.5	−17.4	4.2
鲤鱼	1.1	−5.1	4.5	养殖珍珠	0.4	−36.5	1.1

　　广东省水产品前五大出口市场分别是中国香港、美国、墨西哥、日本、加拿大，出口额合计占全省水产品出口额的 72.5％，但出口额均同比下降，分别为 10.9％、23.9％、58.0％、16.9％、25.0％。前五大进口来源地分别是厄瓜多尔、越南、印度、泰国、秘鲁，进口额合计占全省水产品进口额的 55.4％。其中，自厄瓜多尔、越南、秘鲁进口额分别同比下降 0.1％、0.5％、1.0％，自印度、泰国进口额分别同比增长 0.2％、0.1％（表 3-6）。

表 3-6　2023 年广东省水产品出口市场和进口来源地贸易情况

出口市场	出口额/亿美元	同比增长/%	占比/%	进口来源地	进口额/亿美元	同比增长/%	占比/%
中国香港	9.5	−10.9	35.6	厄瓜多尔	8.0	−0.1	22.4
美国	2.7	−23.9	13.8	越南	4.2	−0.5	11.9
墨西哥	2.1	−58.0	10.7	印度	3.9	0.2	11.0
日本	1.7	−16.9	7.1	泰国	2.6	0.1	7.4
加拿大	0.9	−25.0	5.3	秘鲁	1.0	−1.0	2.7

第五节

辽 宁 省

一、2019—2023 年辽宁省水产品贸易总体情况

2023 年辽宁省水产品进出口总量为 164.0 万吨（图 3-8），占中国水产品进出口总量的 15.5%，较 2019 年下降 25.6%。其中，进口量 106.7 万吨，占中国水产品进口量的 15.8%，较 2019 年下降 21.9%；出口量 57.3 万吨，占中国水产品出口量的 15.1%，较 2019 年下降 31.7%。

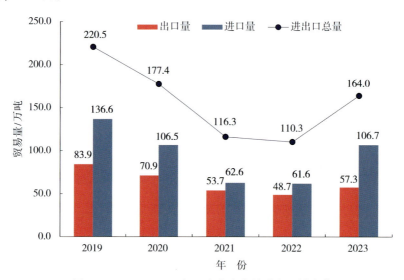

图 3-8　2019—2023 年辽宁省水产品进出口量变化

辽宁省水产品贸易额总体呈现下降趋势，贸易额由 2019 年的 54.9 亿美元减少至 2023 年的 40.9 亿美元（图 3-9），年均下降 5.1%。其中，进口额从 25.6 亿美元减少至 18.6 亿美元，年均下降 5.5%；出口额从 29.3 亿美元减少至 22.3 亿美元，年均下降 4.8%；贸易顺差维持在 3.7 亿美元。

2023 年辽宁省水产品贸易额占中国水产品贸易总额的 9.3%，较 2019 年下降 4.7 个百分点，位居中国第五。其中，出口额占中国水产品出口总额的 10.9%，下降 3.3 个百分点，位居中国第四；进口额占中国水产品进口总额的 7.8%，下降 5.8 个百分点，位居中国第六。

图 3-9　2019—2023 年辽宁省水产品进出口额变化

从贸易额变量情况来看，2020 年、2021 年同比下降，其他年份均增长。其中，2020 年下降最快，为 22.4%。从进口额变化情况来看，2020 年、2021 年下降，其他年份均增长。其中，2020 年下降最快，为 28.9%。从出口额变化情况来看，仅 2022 年同比增长，其他年份均下降。其中，2020 年下降最快，为 16.7%。

二、2023 年辽宁省水产品贸易情况

2023 年辽宁省水产品贸易额同比增长 2.3%，较 2022 年增速下降 8.1 个百分点；进口额同比增长 11.3%，较 2022 年增速下降 3.4 个百分点；出口额同比下降 4.1%，较 2022 年增速下降 10.0 个百分点。

辽宁省前五大出口水产品分别是鳕鱼、蛤、比目鱼、墨鱼及鱿鱼、扇贝，出口额合计 12.3 亿美元，占全省水产品出口额的 54.8%。鳕鱼、比目鱼、蛤、墨鱼及鱿鱼、扇贝分别同比下降 1.5%、6.9%、10.9%、10.3%、16.4%。前五大进口水产品分别是鳕鱼、对虾、马哈鱼、饲料用鱼粉、螃蟹，进口额合计 11.3 亿美元，占全省水产品进口额的 60.0%。其中，鳕鱼、对虾分别同比增长 40.0%、9.9%，马哈鱼、螃蟹、饲料用鱼粉分别同比下降 32.0%、85.0%、16.7%（表 3-7）。

表 3-7　2023 年辽宁省主要贸易水产品贸易情况

出口商品	出口额/亿美元	同比增长/%	占比/%	进口商品	进口额/亿美元	同比增长/%	占比/%
鳕鱼	5.3	−1.5	23.6	鳕鱼	6.2	40.0	33.1
蛤	2.1	−10.9	9.5	对虾	2.3	9.9	12.4
比目鱼	2.0	−6.9	8.8	马哈鱼	1.7	−32.0	8.9
墨鱼及鱿鱼	1.6	−10.3	7.2	饲料用鱼粉	0.9	−16.7	4.8
扇贝	1.3	−16.4	5.7	螃蟹	0.2	−85.0	0.8

辽宁省水产品前五大出口市场分别是日本、美国、韩国、德国和加拿大，出口额合计

占全省水产品出口额的 71.5%。其中，对韩国、德国出口额分别同比增长 0.2%、13.2%，对美国、日本、加拿大出口额分别同比下降 22.9%、5.0%、35.1%。前五大进口来源地分别是俄罗斯、美国、厄瓜多尔、日本和秘鲁，进口额合计占全省水产品进口额的 39.1%。其中，自俄罗斯、美国和厄瓜多尔进口额分别同比增长 0.3%、0.1% 和 0.2%，自日本和秘鲁进口额均同比下降 0.5%（表 3-8）。

表 3-8　2023 年辽宁省水产品出口市场和进口来源地贸易情况

出口市场	出口额/ 亿美元	同比增长/ %	占比/ %	进口来源地	进口额/ 亿美元	同比增长/ %	占比/ %
日本	5.7	−5.0	25.4	俄罗斯	7.3	0.3	20.4
美国	5.1	−22.9	23.0	美国	3.3	0.1	9.4
韩国	2.2	0.2	10.0	厄瓜多尔	1.7	0.2	4.8
德国	1.9	13.2	8.4	日本	1.0	−0.5	2.7
加拿大	1.1	−35.1	4.7	秘鲁	0.7	−0.5	1.8

第六节

浙 江 省

一、2019—2023年浙江省水产品贸易总体情况

2023年浙江省水产品进出口总量为98.5万吨（图3-10），较2019年增长46.1%，占中国水产品进出口总量的9.3%。其中，进口量49.8万吨，较2019年增加1.6倍，占中国水产品进口量的7.4%；出口量48.7万吨，较2019年增长0.4%，占中国水产品进口量的12.9%。

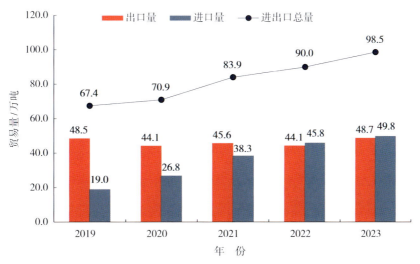

图3-10　2019—2023年浙江省水产品进出口量变化

浙江省水产品贸易额呈现平稳增长的趋势，2019—2023年，贸易额由25.2亿美元增加到42.7亿美元（图3-11）。进口额呈增长趋势，从6.3亿美元增加到23.3亿美元，年均增长5.4%；出口额总体呈现平稳状态，从18.9亿美元增加到19.4亿美元，年均增长0.5%；进出口格局发生变化，由2019年的贸易顺差12.6亿美元变为2023年的贸易逆差3.9亿美元。

2023年浙江省水产品贸易额占中国水产品贸易总额的9.7%，较2019年增长3.2个百分点，位居中国第四。其中，出口额占中国水产品出口总额的9.5%，较2019年上升0.3个百分点，位居中国第五；进口额占中国水产品进口总额的9.8%，较2019年增长

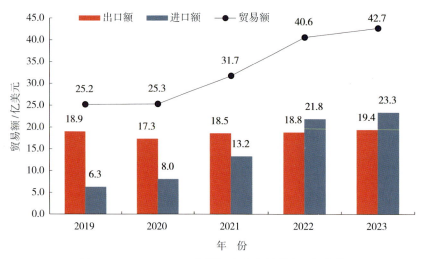

图 3-11　2019—2023 年浙江省水产品进出口额变化

6.5 个百分点，位居中国第五。

二、2023 年浙江省水产品贸易情况

2023 年浙江省水产品贸易额同比增长 5.1%，较 2022 年增速下降 22.8 个百分点；进口额同比增长 6.9%，较 2022 年增速下降 68.1 个百分点；出口额同比增长 3.1%，较 2022 年增速下降 10.8 个百分点。

浙江省前五大出口水产品分别是墨鱼及鱿鱼、鲭鱼、鳗鱼、姆鱼（加工）和章鱼，出口额合计 6.5 亿美元，占全省水产品出口额的 33.5%。其中，墨鱼及鱿鱼、鳗鱼、章鱼出口额分别同比下降 12.1%、1.1% 和 20.3%，鲭鱼、姆鱼（加工）出口额分别同比增长 45.6%、5.9%。前五大进口水产品分别是龙虾、墨鱼及鱿鱼、饲料用鱼粉、麒麟菜和鲇鱼，进口额合计 6.2 亿美元，占全省水产品进口额的 26.7%。其中，墨鱼及鱿鱼、饲料用鱼粉、龙虾进口额分别同比增长 16.5%、0.8%、44.3%，鲇鱼、麒麟菜进口额分别同比下降 73.1%、27.3%（表 3-9）。

表 3-9　2023 年浙江省主要贸易水产品贸易情况

出口商品	出口额/亿美元	同比增长/%	占比/%	进口商品	进口额/亿美元	同比增长/%	占比/%
墨鱼及鱿鱼	2.7	-12.1	13.8	龙虾	2.4	44.3	10.3
鲭鱼	1.5	45.6	7.7	墨鱼及鱿鱼	2.0	16.5	8.6
鳗鱼	1.2	-1.1	6.3	饲料用鱼粉	1.2	0.8	5.2
姆鱼（加工）	0.6	5.9	3.1	麒麟菜	0.4	-27.3	1.7
章鱼	0.5	-20.3	2.6	鲇鱼	0.2	-73.1	0.9

浙江省水产品前五大出口市场分别是日本、西班牙、美国、韩国和泰国，出口额合计占全省水产品出口额的 58.2%。其中，对西班牙、韩国、泰国出口额分别同比增长

5.0%、10.1%、10.1%，对日本、美国出口额分别同比下降13.9%、15.4%。前五大进口来源地分别是厄瓜多尔、越南、泰国、印度、秘鲁，进口额合计占全省水产品进口额的51.6%，进口额分别同比下降3.9%、0.4%、0.1%、1.9%、0.1%（表3-10）。

表3-10　2023年浙江省水产品出口市场和进口来源地贸易情况

出口市场	出口额/亿美元	同比增长/%	占比/%	进口来源地	进口额/亿美元	同比增长/%	占比/%
日本	5.1	−13.9	22.9	厄瓜多尔	5.7	−3.9	24.5
西班牙	2.4	5.0	10.8	越南	2.6	−0.4	11.2
美国	2.4	−15.4	10.7	泰国	1.8	−0.1	7.5
韩国	1.9	10.1	8.3	印度	1.1	−1.9	4.6
泰国	1.2	10.1	5.5	秘鲁	0.9	−0.1	3.8

第七节

海 南 省

一、2019—2023 年海南省水产品贸易总体情况

海南省水产品贸易以出口为主。2023 年海南省水产品进出口总量为 17.4 万吨（图 3-12），占中国水产品进出口总量的 1.6%，较 2019 年增长 8.1%。其中，出口量 16.4 万吨，占中国水产品出口量的 4.3%，较 2019 年增长 3.8%；进口量 1.0 万吨，占中国水产品进口量的 0.2%，较 2019 年增加 2.3 倍。

图 3-12　2019—2023 年海南省水产品进出口量变化

海南省水产品贸易额基本平稳，略有下降，贸易额由 2019 年的 5.0 亿美元减少到 2023 年的 4.9 亿美元（图 3-13），年均下降 0.4%。其中，进口额从 0.2 亿美元增加到 0.4 亿美元，年均增长 20.0%；出口额从 4.8 亿美元减少到 4.5 亿美元，年均下降 1.3%；贸易顺差由 4.6 亿美元减少至 4.1 亿美元。

2023 年海南省水产品贸易额占中国水产品贸易总额的 1.1%，较 2019 年下降 0.2 个百分点，位居中国第十一。其中，出口额占中国水产品出口总额的 4.5%，下降 0.1 个百分点，位居中国第六；水产品进口额五年内未出现明显提升，占中国水产品进口总额的 0.2%。

从贸易额变量情况来看，仅 2020 年、2023 年出现下降，其他年份增长。其中，2021

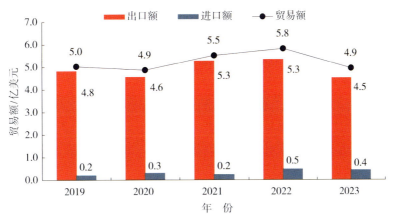

图 3-13　2019—2023 年海南省水产品进出口额变化

年增速最快，为 12.2%。从进口额变化情况来看，分别在 2020 年、2022 年出现两次明显增长，增速分别为 50.0%、150.0%。从出口额变化情况来看，2020 年、2023 年下降，其他年份均增长。其中，2021 年增速最快，为 15.2%。

二、2023 年海南省水产品贸易情况

2023 年海南省水产品贸易额同比增长 1.0%，较 2022 年增速下降 20.3 个百分点；进口额同比下降 9.6%，较 2022 年增速下降 97.6 个百分点；出口额同比增长 2.2%，较 2022 年增速下降 0.1 个百分点。

海南省前五大出口水产品分别是罗非鱼、墨鱼及鱿鱼、鲳鱼、牡蛎、鲭鱼，出口额合计 3.85 亿美元，占全省水产品出口额的 85.5%。其中，鲳鱼同比增长 56.6%，罗非鱼、墨鱼及鱿鱼、牡蛎、鲭鱼分别同比下降 16.8%、15.2%、93.9%、21.7%。前五大进口水产品分别是对虾、饲料用鱼粉、麒麟菜、水生哺乳动物、鲑鱼，进口额合计 0.256 亿美元，占全省水产品进口额的 64.4%。其中，对虾、饲料用鱼粉分别同比增长 927.7%、12.1%，水生哺乳动物、鲑鱼、麒麟菜分别同比下降 93.6%、97.4%、3.2%（表 3-11）。

表 3-11　2023 年海南省主要贸易水产品贸易情况

出口商品	出口额/亿美元	同比增长/%	占比/%	进口商品	进口额/亿美元	同比增长/%	占比/%
罗非鱼	3.60	−16.8	80.0	对虾	0.200	927.7	50.0
墨鱼及鱿鱼	0.21	−15.2	4.7	饲料用鱼粉	0.040	12.1	10.3
鲳鱼	0.02	56.6	0.4	麒麟菜	0.010	−3.2	2.5
牡蛎	0.01	−93.9	0.2	水生哺乳动物	0.003	−93.6	0.8
鲭鱼	0.01	−21.7	0.2	鲑鱼	0.003	−97.4	0.8

海南省水产品前五大出口市场分别是美国、墨西哥、以色列、日本、俄罗斯，出口额合计占全省水产品出口额的 71.7%。其中，对墨西哥出口额同比增长 22.5%，对美国、

以色列、日本、俄罗斯出口额分别同比下降 30.5%、13.2%、5.2%、69.7%。前五大进口来源地分别是泰国、印度尼西亚、智利、秘鲁、西班牙，进口额合计占全省水产品进口额的 34.2%。其中，自西班牙进口额同比增长 0.7%，自印度尼西亚、智利、泰国、秘鲁进口额分别同比下降 293.3%、4.5%、0.05%、1.6%（表 3 - 12）。

表 3 - 12　2023 年海南省水产品出口市场和进口来源地贸易情况

出口市场	出口额/ 万美元	同比增长/ %	占比/ %	进口来 源地	进口额/ 万美元	同比增长/ %	占比/ %
美国	19 103	−30.5	42.5	泰国	681	−0.05	17.0
墨西哥	4 532	22.5	10.1	印度尼西亚	335	−293.3	8.4
以色列	4 407	−13.2	9.8	智利	189	−4.5	4.7
日本	3 143	−5.2	7.0	秘鲁	139	−1.6	3.5
俄罗斯	1 026	−69.7	2.3	西班牙	24	0.7	0.6

第八节

江 苏 省

一、2019—2023 年江苏省水产品贸易总体情况

2023 年江苏省水产品进出口总量为 14.7 万吨（图 3-14），占中国水产品进出口总量的 1.4%，较 2019 年增长 18.5%。其中，进口量 10.3 万吨，占中国水产品进口量的 1.5%，较 2019 年增长 33.0%；出口量 4.4 万吨，占中国水产品进口量的 1.1%，较 2019 年下降 6.8%。

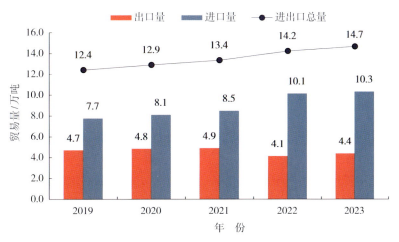

图 3-14　2019—2023 年江苏省水产品进出口量变化

江苏省水产品贸易额稳步增长，贸易额由 2019 年的 5.7 亿美元增加到 2023 年的 8.5 亿美元（图 3-15），年均增长 9.3%。其中，进口额从 2.1 亿美元增加到 4.6 亿美元，年均增长 23.1%；出口额从 3.6 亿美元增加到 3.9 亿美元，年均增长 1.3%；贸易平衡由 1.5 亿美元贸易顺差转为 0.7 亿美元贸易逆差。

2023 年江苏省水产品贸易额占中国水产品贸易总额的 1.9%，较 2019 年增长 0.4 个百分点，位居中国第九。其中，出口额占中国水产品出口总额的 1.9%，增长 1.3 个百分点，位居中国第七；进口额占中国水产品进口总额的 1.9%，增长 0.8 个百分点，位居中国第十一。

从贸易额变化情况来看，仅 2022 年下降，其他年份增长。其中，2021 年增速最快，

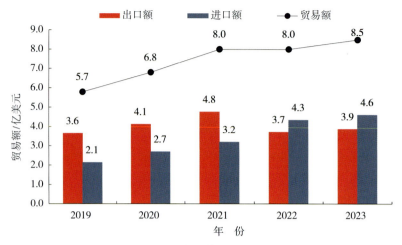

图 3-15　2019—2023 年江苏省水产品进出口额变化

为 25.0%。从进口额变化情况来看，各年份均增长。其中，2022 年增速最快，为 34.4%。从出口额变化情况来看，除 2022 年下降，其他年份均增长。其中，2021 年增速最快，为 17.1%。

二、2023 年江苏省水产品贸易情况

2023 年江苏省水产品贸易额同比增长 5.2%，较 2022 年增速上升 10.2 个百分点；进口额同比增长 6.1%，较 2022 年增速下降提高 29.7 个百分点；出口额同比增长 4.2%，较 2022 年增速上升 26.0 个百分点。

江苏省前五大出口水产品分别是紫菜、鳗鱼、小龙虾、蛤和沙蚕，出口额合计 1.73 亿美元，占全省水产品出口额的 44.3%。其中，紫菜、蛤分别同比增长 3.6%、5.8%，鳗鱼、小龙虾、沙蚕分别同比下降 15.2%、28.4%、21.3%。前五大进口水产品分别是碘、对虾、饲料用鱼粉、墨鱼及鱿鱼和鳕鱼，进口额合计 2.3 亿美元，占全省水产品进口额的 48.2%。其中，鳕鱼同比下降 34.3%，碘、对虾、饲料用鱼粉和墨鱼及鱿鱼分别同比增长 27.4%、52.2%、59.9%、57.9%（表 3-13）。

表 3-13　2023 年江苏省主要贸易水产品贸易情况

出口商品	出口额/ 亿美元	同比增长/ %	占比/ %	进口商品	进口额/ 亿美元	同比增长/ %	占比/ %
紫菜	1.14	3.6	29.2	碘	0.8	27.4	18.0
鳗鱼	0.25	−15.2	6.4	对虾	0.6	52.2	12.2
小龙虾	0.18	−28.4	4.6	饲料用鱼粉	0.5	59.9	10.2
蛤	0.09	5.8	2.3	墨鱼及鱿鱼	0.3	57.9	5.4
沙蚕	0.07	−21.3	1.8	鳕鱼	0.1	−34.3	2.4

江苏省水产品前五大出口市场分别是美国、韩国、日本、泰国、中国台湾，出口额合

计占全省水产品出口额的 45.1%。其中，对日本、美国、中国台湾、泰国出口额分别同比下降 5.5%、41.3%、10.1%、15.2%，对韩国出口额同比增长 2.3%。前五大进口来源地分别是俄罗斯、加拿大、秘鲁、智利、印度，进口额合计占全省水产品进口额的 31.0%。其中，自智利、加拿大、秘鲁、印度进口额分别同比下降 118.7%、62.3%、1.5%、87.0%，自俄罗斯进口额同比增长 30.7%（表 3-14）。

表 3-14　2023 年江苏省水产品出口市场和进口来源地贸易情况

出口市场	出口额/万美元	同比增长/%	占比/%	进口来源地	进口额/万美元	同比增长/%	占比/%
美国	5 831	−41.3	13.0	俄罗斯	6 261	30.7	13.6
韩国	5 668	2.3	12.6	加拿大	2 689	−62.3	5.8
日本	5 234	−5.5	11.6	秘鲁	2 235	−1.5	4.9
泰国	2 208	−15.2	4.9	智利	1 617	−118.7	3.5
中国台湾	1 368	−10.1	3.0	印度	1 472	−87.0	3.2

第九节

河 北 省

一、2019—2023 年河北省水产品贸易总体情况

2023 年河北省水产品进出口总量为 7.9 万吨（图 3-16），较 2019 年增长 16.2%，占中国水产品进出口总量的 0.7%。其中，进口量 4.9 万吨，较 2019 年增长 22.5%，占中国水产品进口量的 0.7%；出口量 3.0 万吨，较 2019 年增长 7.1%，占中国水产品进口量的 0.8%。

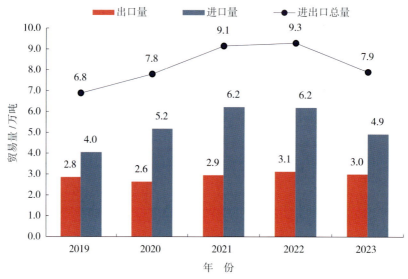

图 3-16　2019—2023 年河北省水产品进出口量变化

河北省水产品贸易额保持平稳，贸易额由 2019 年的 3.5 亿美元增加到 2023 年的 4.1 亿美元（图 3-17），年均增长 3.4%。其中，进口额从 1.1 亿美元增加到 1.8 亿美元，年均增长 12.7%；出口额从 2019—2023 年基本维持在 2.3 亿美元；贸易顺差由 1.3 亿美元减少至 0.5 亿美元。

河北省水产品贸易额占中国水产品贸易总额的 0.9%，较 2019 年上升 0.04 个百分点，近五年基本保持稳定，位居中国第十四。其中，出口额占中国水产品出口总额的 1.1%，下降 0.03 个百分点，位居中国第八；进口额占中国水产品进口总额的 0.7%，增

长 1.7 个百分点，位居中国第十三。

图 3 - 17　2019—2023 年河北省水产品进出口额变化

从贸易额变量情况来看，2023 年下降，其他年份增长。其中，2021 年增速最快，为 13.9%。从进口额变化情况来看，仅 2023 年同比下降，其他年份均增长。其中，2020 年增速最快，为 54.5%。从出口额变化情况来看，2020 年、2023 年下降，其他年份增长。其中，2021 年增速最快，为 21.1%。

二、2023 年河北省水产品贸易情况

2023 年河北省水产品贸易额同比下降 9.3%，较 2022 年增速下降 19.5 个百分点；进口额同比下降 7.4%，较 2022 年增速下降 14.8 个百分点；出口额同比下降 9.3%，较 2022 年增速下降 19.5 个百分点。

河北省前五大出口水产品分别是扇贝、章鱼、蛤、鲀鱼、墨鱼及鱿鱼，出口额合计约 2.08 亿美元，占全省水产品出口额的 90.5%。其中，扇贝、章鱼、蛤分别同比下降 8.0%、21.9%、10.9%，鲀鱼、墨鱼及鱿鱼分别同比增长 39.4%、45.7%。前五大进口水产品分别是对虾、扇贝、碘、墨鱼及鱿鱼、海藻，进口额合计约 1.58 亿美元，占全省农产品进口额的 89.1%。其中，对虾、碘同比增长 182.9%、295.0%，扇贝、海藻、墨鱼及鱿鱼分别同比下降 45.7%、67.0%、1.7%（表 3 - 15）。

表 3 - 15　2023 年河北省主要贸易水产品贸易情况

出口商品	出口额/万美元	同比增长/%	占比/%	进口商品	进口额/万美元	同比增长/%	占比/%
扇贝	15 216.4	−8.0	66.0	对虾	7 376.4	182.9	41.6
章鱼	4 413.8	−21.9	19.2	扇贝	7 368.7	−45.7	41.5
蛤	584.3	−10.9	2.5	碘	616.5	295.0	3.5
鲀鱼	356.2	39.4	1.5	墨鱼及鱿鱼	232.6	−1.7	1.3
墨鱼及鱿鱼	292.4	45.7	1.3	海藻	221.3	−67.0	1.2

　　河北省水产品前五大出口市场分别是韩国、中国台湾、美国、中国香港、加拿大，出口额合计占全省水产品出口额的 92.6%。其中，对韩国、中国香港、美国、加拿大出口额分别同比下降 7.1%、18.5%、2.3% 和 3.6%，对中国台湾出口额同比增长 6.8%。前五大进口来源地分别是日本、厄瓜多尔、印度尼西亚、印度、泰国，进口额合计占全省水产品进口额的 88.1%。其中，自日本、印度尼西亚进口额分别同比下降 88.7% 和 47.4%，自厄瓜多尔、印度、泰国进口额分别同比增长 65.9%、8.5% 和 0.1%（表 3 - 16）。

表 3 - 16　2023 年河北省水产品出口市场和进口来源地贸易情况

出口市场	出口额/ 万美元	同比增长/ %	占比/ %	进口来源地	进口额/ 万美元	同比增长/ %	占比/ %
韩国	9 437	−7.1	39.3	日本	7 458	−88.7	41.4
中国台湾	3 809	6.8	15.9	厄瓜多尔	6 895	65.9	38.3
美国	3 547	−2.3	14.8	印度尼西亚	630	−47.4	3.5
中国香港	3 433	−18.5	14.3	印度	600	8.5	3.3
加拿大	1 986	−3.6	8.3	泰国	292	0.1	1.6

第十节

广西壮族自治区

一、2019—2023年广西壮族自治区水产品贸易总体情况

2023年广西壮族自治区水产品进出口总量为13.2万吨（图3-18），占中国水产品进出口总量的1.2%，较2019年增长67.1%。其中，进口量9.7万吨，占中国水产品进口量的1.4%，较2019年增加1.6倍；出口量3.5万吨，占中国水产品出口量的0.9%，较2019年下降16.7%。

图3-18 2019—2023年广西壮族自治区水产品进出口量变化

广西壮族自治区水产品贸易额整体稳步增长，贸易额由2019年的2.9亿美元增加到2023年的4.5亿美元（图3-19），年均增长11.0%。其中，进口额从1.0亿美元增加到2.7亿美元，年均增长34.0%；出口额从1.9亿美元波动下降到1.8亿美元，年均下降1.1%；贸易平衡由贸易顺差0.9亿美元转为贸易逆差0.9亿美元。

2023年广西壮族自治区水产品贸易额占中国水产品贸易总额的1.0%，较2019年提高0.3个百分点，位居中国第十三。其中，出口额占中国水产品出口总额的0.9%，较2019年下降0.05%，位居中国第九；进口额占中国水产品进口总额的1.1%，提高0.6

个百分点，位居中国第十二。

从贸易额变量情况来看，除 2023 年，其他年份均保持增长。其中，2022 年增速最快，为 42.5％。从进口额变化情况来看，2023 年同比下降，其他年份均增长。其中，2022 年增速最快，为 80.0％。从出口额变化情况来看，2020 年、2023 年下降，其他年份增长。其中，2021 年增速最快，为 25.0％。

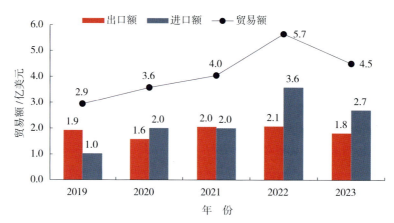

图 3-19　2019—2023 年广西壮族自治区水产品进出口额变化

二、2023 年广西壮族自治区水产品贸易情况

2023 年广西壮族自治区水产品贸易额同比下降 20.2％，较 2022 年增速下降 59.8 个百分点；进口额同比下降 24.7％，较 2022 年增速下降 1 倍；出口额同比下降 12.6％，较 2022 年增速下降 13.6 个百分点。

广西壮族自治区前五大出口水产品分别是墨鱼及鱿鱼、罗非鱼、蛤、鳗鱼和对虾，出口额合计约 1.03 亿美元，占全省水产品出口额的 57.3％。其中，墨鱼及鱿鱼同比增长 25.1％，罗非鱼、鳗鱼、蛤、对虾分别同比下降 24.8％、55.7％、36.6％、22.9％。前五大进口水产品分别是饲料用鱼粉、对虾、麒麟菜、墨鱼及鱿鱼和鲇鱼，进口额合计约 1.58 亿美元，占全省水产品进口额的 58.7％。其中，饲料用鱼粉、墨鱼及鱿鱼分别同比增长 17.3％、305.6％，对虾、麒麟菜、鲇鱼分别同比下降 7.6％、16.1％、70.8％（表 3-17）。

表 3-17　2023 年广西壮族自治区主要贸易水产品贸易情况

出口商品	出口额/万美元	同比增长/%	占比/%	进口商品	进口额/万美元	同比增长/%	占比/%
墨鱼及鱿鱼	3 861.0	25.1	21.3	饲料用鱼粉	7 986.2	17.3	29.6
罗非鱼	3 247.1	−24.8	18.0	对虾	4 015.5	−7.6	14.9
蛤	1 539.0	−36.6	8.5	麒麟菜	2 801.6	−16.1	10.4
鳗鱼	1 130.2	−55.7	6.2	墨鱼及鱿鱼	575.2	305.6	2.1
对虾	601.7	−22.9	3.3	鲇鱼	451.0	−70.8	1.7

广西壮族自治区水产品前五大出口市场分别是美国、越南、中国香港、马来西亚、泰国，出口额合计占全省水产品出口额的 83.6%。其中，对越南、美国、泰国出口额分别同比下降 42.7%、29.7%、178.2%，对中国香港、马来西亚出口额分别同比增长 13.7%、18.0%。前五大进口来源地分别是越南、印度、印度尼西亚、菲律宾、毛里塔尼亚，进口额合计占全省水产品进口额的 87.6%。其中，自印度出口额同比增长 13.5%，自越南、印度尼西亚、毛里塔尼亚、菲律宾进口额分别同比下降 78.6%、12.5%、62.4%、5.1%（表 3-18）。

表 3-18　2023 年广西壮族自治区水产品出口市场和进口来源地贸易情况

出口市场	出口额/万美元	同比增长/%	占比/%	进口来源地	进口额/万美元	同比增长/%	占比/%
美国	5 142	−29.7	28.6	越南	15 159	−78.6	56.1
越南	3 847	−42.7	21.4	印度	3 018	13.5	11.2
中国香港	3 208	13.7	17.8	印度尼西亚	2 617	−12.5	9.7
马来西亚	2 395	18.0	13.3	菲律宾	1 652	−5.1	6.1
泰国	448	−178.2	2.5	毛里塔尼亚	1 212	−62.4	4.5

第十一节

吉林省

一、2019—2023年吉林省水产品贸易总体情况

2023年吉林省水产品进出口总量为12.5万吨（图3-20），占中国水产品进出口总量的1.2%，较2019年增长25.0%。其中，进口量9.1万吨，占中国水产品进口量的1.3%，较2019年增长31.9%；出口量3.4万吨，占中国水产品出口量的0.9%，较2019年增长9.7%。

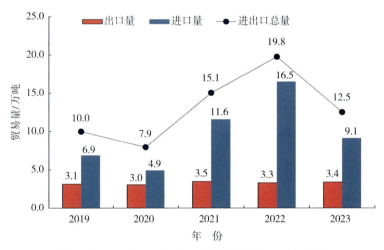

图3-20　2019—2023年吉林省水产品进出口量变化

吉林省水产品贸易额波动性增长，贸易额由2019年的4.9亿美元增加到2023年的7.4亿美元（图3-21），年均增长10.2%。其中，进口额从3.5亿美元增加到5.9亿美元，年均增长13.7%；出口额从1.4亿美元增加到1.5亿美元，年均增长1.4%；由于进口增速远超出口，贸易逆差由2.1亿美元扩大至4.4亿美元。

2023年，吉林省水产品贸易额占中国水产品贸易总额的1.7%，较2019年下降0.1个百分点。其中，出口额占中国水产品出口总额的0.7%，较2019年增长0.1个百分点；进口额占中国水产品进口总额的2.5%，较2019年下降13.4个百分点。

从贸易额变化情况来看，2020年、2023年下降，其他年份增长。其中，2021年增速最快，增加1.2倍。从进口额变化情况来看，2020年、2023年同比下降，其他年份增长。

图 3-21　2019—2023 年吉林省水产品进出口额变化

其中，2021 年增速最快，增加 1.9 倍。从出口额变化情况来看，仅 2020 年下降，2021 年和 2022 年增长，增速均约在 7.7%。

二、2023 年吉林省水产品贸易情况

2023 年吉林省水产品贸易额同比下降 10.8%，较 2022 年增速下降 18.4 个百分点；进口额同比下降 13.4%，较 2022 年增速下降 20.8 个百分点；出口额同比增长 7.5%，较 2022 年增速下降 7.6 个百分点。

吉林省前五大出口水产品分别为鳕鱼、比目鱼、墨鱼及鱿鱼、章鱼、蟹类，出口额合计 7 885.88 万美元，约占全省水产品出口额的 51.9%。其中，蟹类同比增长 100%，鳕鱼、比目鱼、墨鱼及鱿鱼、章鱼分别同比下降 9.0%、5.2%、87.8%、96.8%。前五大进口水产品分别是鳕鱼、比目鱼、马哈鱼、墨鱼及鱿鱼、鲱鱼，进口额合计约 1.01 亿美元，占全省水产品进口额的 17.3%。其中，比目鱼同比增长 13.0%，鳕鱼、墨鱼及鱿鱼、鲱鱼、马哈鱼分别同比下降 60.1%、86.2%、85.9%、47.2%（表 3-19）。

表 3-19　2023 年吉林省主要贸易水产品贸易情况

出口商品	出口额/万美元	同比增长/%	占比/%	进口商品	进口额/万美元	同比增长/%	占比/%
鳕鱼	6 218.74	−9.0	41.0	鳕鱼	6 552.7	−60.1	11.2
比目鱼	1 643.82	−5.2	10.8	比目鱼	2 582.4	13.0	4.4
墨鱼及鱿鱼	20.41	−87.8	0.1	马哈鱼	529.5	−47.2	0.9
章鱼	1.84	−96.8	0.01	墨鱼及鱿鱼	236.5	−86.2	0.4
蟹类	1.07	100.0	0.007	鲱鱼	219.1	−85.9	0.4

吉林省水产品前五大出口市场分别是韩国、德国、西班牙、波兰、希腊，出口额合计

占全省水产品出口额的 30.9%。其中，对德国、西班牙、希腊、波兰出口额分别同比下降 66.8%、10.1%、103.9%、20.3%，对韩国出口额同比增长 6.1%。前五大进口来源地分别是俄罗斯、挪威、加拿大、智利、韩国，进口额合计占全省水产品进口额的 100%。其中，自俄罗斯、挪威、加拿大、韩国进口额分别同比下降 16.3%、293.7%、214.0%、16.5%，自智利进口额同比增长 0.4%（表 3-20）。

表 3-20　2023 年吉林省水产品出口市场和进口来源地贸易情况

出口市场	出口额/万美元	同比增长/%	占比/%	进口来源地	进口额/万美元	同比增长/%	占比/%
韩国	9 967	6.1	23.2	俄罗斯	56 544	−16.3	95.8
德国	1 657	−66.8	3.9	挪威	1 140	−293.7	1.9
西班牙	1 150	−10.1	2.7	加拿大	706	−214.0	1.2
波兰	280	−20.3	0.7	智利	463	0.4	0.8
希腊	152	−103.9	0.4	韩国	227	−16.5	0.4

中国水产品主要
贸易伙伴情况

中国水产品贸易规模不断扩大，已成为全球第一大水产品出口国和第二大水产品进口国，在全球水产品贸易中具有举足轻重的地位和作用。近年来，尽管新冠疫情、国际市场需求低迷、全球经济复苏乏力等多种不利因素对中国水产品对外贸易产生了诸多影响，以至于自2020年以来的各年度进出口总额起伏较大，但建设海洋强国战略和"一带一路"倡议等一系列重要举措的实施，为中国渔业对外合作带来了新机遇、注入了新活力，总体上，2019—2023年中国水产品贸易总额仍在增长。据中国海关总署统计，2023年中国水产品进出口总量为1 056.05万吨，同比增长3.20%，也比2019年增长了0.26%；进出口总额为442.37亿美元，同比下降5.35%，但仍居全球首位，与2019年相比增长12.39%。出口方面，中国主要以出口水产品制品、冻鱼和软体动物等为主，主要出口对象有东盟、日本、欧盟、韩国、美国、英国和加拿大等国家和地区。进口方面，中国主要以进口甲壳动物、冻鱼和软体动物等为主，进口来源地主要为厄瓜多尔、俄罗斯、东盟、加拿大、印度、美国、挪威和智利等。中国水产品贸易国家和地区结构基本形成了以美日韩为主、东南亚和欧洲各国为辅的出口贸易格局，以及以亚洲、欧洲及南北美洲为主体的多极化、分散化进口贸易格局。在国际贸易壁垒加剧、中国近海渔业资源衰退与养殖业环保压力形成渔业资源限制、中国劳动力与饲料价格攀升致使竞争力敌不过东南亚、深加工产品与品牌化高端产品市场竞争力不足以及日韩美欧等传统市场需求低迷等内外双重因素的影响下，中国的水产品国际贸易正从"增量"向"升质"转变，未来需通过技术创新、产品结构调整、养殖绿色转型、市场多元化、品牌升级以及政策协同等措施积极应对国际竞争，巩固中国在全球水产贸易中的核心地位。

第一节

东　　盟

东南亚国家联盟（Association of South-East Asian Nations），简称东盟（ASEAN）。东盟现有 10 个成员国，包括马来西亚、印度尼西亚、泰国、菲律宾、新加坡、文莱、越南、老挝、缅甸和柬埔寨。继 1996 年 7 月中国成为东盟的全面对话伙伴国后，1997 年 12 月双方确定建立面向 21 世纪的睦邻互信伙伴关系。2013 年 9 月和 10 月，中国国家主席习近平在出访中亚和东南亚国家期间，先后提出共建"丝绸之路经济带"和"21 世纪海上丝绸之路"（以下简称"一带一路"）的重大倡议，构建了面向东亚和欧洲经济圈的国际互动合作通道，开启了中国与包括东盟在内的沿线各国之间更加紧密的贸易往来，有效促进了沿线各国经济繁荣与区域经济合作。2021 年 11 月 22 日，中国与东盟建立了全面战略伙伴关系。得益于《区域全面经济伙伴关系协定》（RCEP）的签署，中国与东盟的水产品贸易合作关系不断深化。自 2011 年起，中国已连续 13 年成为东盟第一大水产品进口贸易伙伴。

2019—2023 年，除 2022 年因新冠疫情后逐步恢复与多国之间的水产品进出口业务导致水产品进出口总额大幅提升外，中国对东盟的水产品进出口总额基本维持平稳状态。2023 年，中国对东盟的水产品进出口总额达 44.5 亿美元，同比下降 22.7%，但较 2019 年增加了 1.1 亿美元，增长率为 2.5%（图 4 - 1）。总体上，中国对东盟的水产品进口额高于出口额。

出口方面，2019—2022 年中国对东盟的水产品出口额呈逐年上升趋势，但 2023 年的出口额明显降低。2023 年中国对东盟水产品出口额为 17.1 亿美元，同比下降 24.7%，也比 2019 年下降 10.5%。2023 年中国对东盟出口额排前五位的国家依次为印度尼西亚（5.8 亿美元）、越南（3.2 亿美元）、泰国（3.1 亿美元）、马来西亚（2.2 亿美元）、缅甸（2.1 亿美元），菲律宾、新加坡、文莱、柬埔寨、老挝的出口额较小，不足 1 亿美元（图 4 - 2）。

进口方面，2019—2022 年中国自东盟的水产品进口额呈先下降后上升的趋势，但 2023 年进口额又有所下降。2023 年，中国自东盟的水产品进口总额达 27.3 亿美元，同比下降 21.8%，但比 2019 年增长 12.3%。2023 年中国自东盟的水产品进口额排前五位的国家依次为菲律宾（8.6 亿美元）、泰国（7.8 亿美元）、越南（4.2 亿美元）、马来西亚（3.0 亿美元）、印度尼西亚（2.4 亿美元）；自新加坡的进口额为 1.0 亿美元；自老挝、文莱和柬埔寨的进口额较小，不足 1 亿美元（图 4 - 3）。

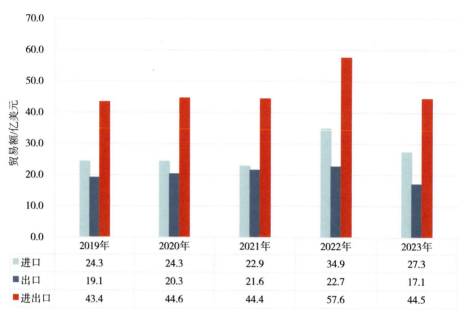

	2019年	2020年	2021年	2022年	2023年
进口	24.3	24.3	22.9	34.9	27.3
出口	19.1	20.3	21.6	22.7	17.1
进出口	43.4	44.6	44.4	57.6	44.5

图 4 - 1　2019—2023 年中国与东盟水产品进出口情况

数据来源：Trade Map 数据库。本章后图同。

注：因统计时对数据进行四舍五入，导致部分进口数据与出口数据之和同进出口数据不完全一致。本章后同。

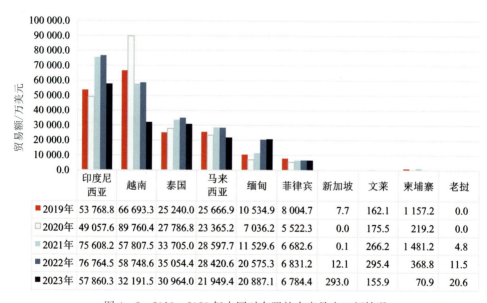

	印度尼西亚	越南	泰国	马来西亚	缅甸	菲律宾	新加坡	文莱	柬埔寨	老挝
2019年	53 768.8	66 693.3	25 240.0	25 666.9	10 534.9	8 004.7	7.7	162.1	1 157.2	0.0
2020年	49 057.6	89 760.4	27 786.8	23 365.2	7 036.2	5 522.3	0.0	175.5	219.2	0.0
2021年	75 608.2	57 807.5	33 705.0	28 597.7	11 529.6	6 682.6	0.1	266.2	1 481.2	4.8
2022年	76 764.5	58 748.6	35 054.4	28 420.6	20 575.3	6 831.2	12.1	295.4	368.8	11.5
2023年	57 860.3	32 191.5	30 964.0	21 949.4	20 887.1	6 784.4	293.0	155.9	70.9	20.6

图 4 - 2　2019—2023 年中国对东盟的水产品出口额情况

　　就水产品种类而言，中国出口到东盟的水产品种类出口额较大的主要为冻鱼（0303）和贝类、头足类及其制品（0307），出口量较大的主要为干、腌、熏制鱼（0305），此外还有贝类、头足类及其制品（0307）、冻鱼（0303）、活鱼（0301），其他种类的出口量和出口额均相对较小；进口的水产品种类中，进口额较大的主要为虾蟹类及其制品（0306）、贝类、头足类及其制品（0307）和干、腌、熏制鱼（0305），进口量较大的主要为干、腌、

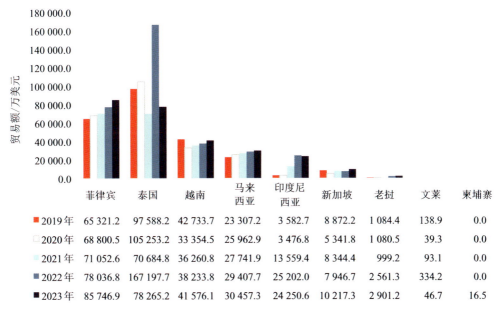

图 4-3 2019—2023 年中国自东盟的水产品进口额情况

熏制鱼（0305），贝类、头足类及其制品（0307）、冻鱼（0303）和虾蟹类及其制品（0306），其他种类水产品的进口量和进口额均相对较小（表 4-1）。

表 4-1 2023 年中国对东盟各类水产品进出口情况

分类代码	分类	出口		进口	
		总额/万美元	总量/吨	总额/万美元	总量/吨
0301	活鱼	8 359.2	16 987	17 331.5	25 684
0302	新鲜或冷藏鱼	2 454.2	6 733	1 908.6	1 856
0305	干、腌、熏制鱼	1 320.8	351 515	46 551.0	214 549
0303	冻鱼	81 827.4	26 825	29 285.0	132 523
0304	鲜、冷、冻鱼片及其他鱼肉	15 496.6	1 226	23 276.0	68 280
0306	虾蟹类及其制品	4 959.5	2 187	94 706.4	110 541
0307	贝类、头足类及其制品	56 517.4	88 393	58 474.9	151 961
0308	海参、海蜇、海胆及其制品	238.7	271	1 944.1	10 454
0309	供人类食用的水产品渣粉	3.3	2	0.0	0

数据来源：Trade Map 数据库。本章后表同。

第二节

欧　　盟

欧洲联盟（European Union）是由最初成立的欧洲煤钢共同体（1952年7月）经由欧洲共同体（1967年7月由3个共同体合并而成）演化而来，于1993年11月正式成立，简称欧盟（EU），现有成员27个：奥地利、比利时、保加利亚、塞浦路斯、捷克、克罗地亚、丹麦、爱沙尼亚、芬兰、法国、德国、希腊、匈牙利、爱尔兰、意大利、拉脱维亚、罗马尼亚、立陶宛、卢森堡、马耳他、荷兰、波兰、葡萄牙、斯洛伐克、斯洛文尼亚、西班牙、瑞典。中国与欧洲经济共同体于1975年5月6日建立外交关系，于1983年11月1日全面建交。2003年，中国与欧盟建立全面战略伙伴关系，之后双方关系的广度和深度不断拓展，形成了全方位、多层次、宽领域交流合作的良好格局。2013年，中国国家主席习近平提出共建"一带一路"重大倡议，欧洲成为共建"一带一路"的重点方向之一。中欧班列作为共建"一带一路"的旗舰项目和标志性品牌，自2011年3月19日开始运行以来（当时称作"渝新欧"国际铁路，2016年6月8日正式启用"中欧班列"统一品牌），开辟了亚欧大陆陆路运输新通道和经贸合作新桥梁。据2024年2月29日央视网报道，中欧班列已累计开行超8.5万列，有效促进了包括欧盟在内的沿线国家的贸易往来和经济发展。2023年，中国和欧盟互为第二大贸易伙伴，中国是欧盟第三大出口市场、第一大进口来源地，欧盟是中国第二大出口市场、第二大进口来源地。

在水产品贸易领域，2019—2023年，中国对欧盟的水产品进出口总额呈先下降后上升再下降的变化趋势，且总体上在下降。2019年中国对欧盟的水产品进出口总额为22.5亿美元，为五年内最大。2020年与2021年的水产品进出口总额受新冠疫情影响下降较多，分别比2019年降低26.2%和28.4%。自2022年起，中国与欧盟之间水产品进出口贸易逐渐恢复正常，2022年进出口总额重新提升至20.2亿美元，接近新冠疫情前水平，但2023年又有所下降，比2022年降低了1亿美元（图4-4）。相比之下，2019—2023年中国对欧盟的水产品出口总额远高于进口总额，出口总额是进口总额的3～5倍。

出口方面，与进出口总额变化趋势一致，2019—2023年中国对欧盟的水产品出口总额呈现先下降后上升再微降的变化趋势。2019年的出口总额最高，为18.7亿美元。2020年和2021年分别减少到13.7亿美元和13.2亿美元。2022年的出口总额增加至16.4亿美元。2023年又减少到14.9亿美元，与2019年相比减少了3.8亿美元。2023年，中国对欧盟出口总额排前五位的国家依次为德国（4.5亿美元）、西班牙（2.7亿美元）、法国（1.8亿美元）、荷兰（1.3亿美元）、意大利（1.0亿美元）（图4-5）；出口至立陶宛、捷

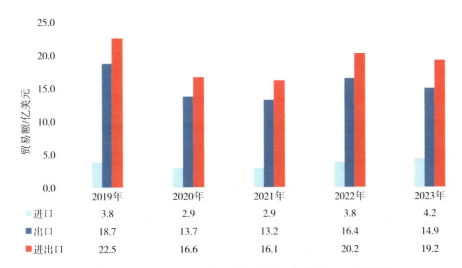

图 4-4　2019—2023 年中国与欧盟水产品进出口总额情况

克、保加利亚、罗马尼亚、克罗地亚、塞浦路斯、拉脱维亚、斯洛伐克、匈牙利、斯洛文尼亚、奥地利、爱沙尼亚、芬兰等的水产品总额较少，不足 0.1 亿美元；无出口至卢森堡的统计数据。

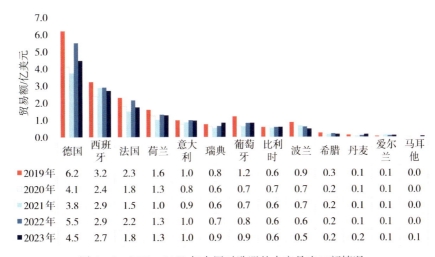

图 4-5　2019—2023 年中国对欧盟的水产品出口额情况

　　进口方面，与进出口总额变化趋势略有不同，2019—2023 年中国自欧盟的水产品进口总额呈现先下降再上升的趋势。2019 年中国自欧盟的进口总额为 3.8 亿美元，后受新冠疫情影响，2020—2021 年进口额减少至 2.9 亿美元，2022 年止跌回升到 3.8 亿美元，2023 年继续增加至 4.2 亿美元。2023 年，中国从欧盟进口水产品的国家主要有西班牙（1.2 亿美元）、法国（1.0 亿美元）、葡萄牙（0.5 亿美元）、丹麦（0.4 亿美元）、荷兰（0.3 亿美元）、爱尔兰（0.2 亿美元）、爱沙尼亚（0.2 亿美元）和德国（0.2 亿美元）（图 4-6）；自拉脱维亚、波兰、意大利、希腊、保加利亚、芬兰、立陶宛、瑞典等国进口的水产品总额较小，不足 1 000 万美元；无进口自其余欧盟成员的统计数据。

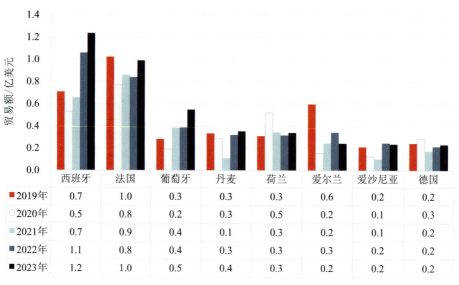

	西班牙	法国	葡萄牙	丹麦	荷兰	爱尔兰	爱沙尼亚	德国
■ 2019年	0.7	1.0	0.3	0.3	0.3	0.6	0.2	0.2
□ 2020年	0.5	0.8	0.2	0.3	0.5	0.2	0.1	0.3
■ 2021年	0.7	0.9	0.4	0.1	0.3	0.2	0.1	0.2
■ 2022年	1.1	0.8	0.4	0.3	0.3	0.3	0.2	0.2
■ 2023年	1.2	1.0	0.5	0.4	0.3	0.2	0.2	0.2

图 4 - 6　2019—2023 年中国自欧盟水产品进口额情况

　　从水产品的种类来说，中国对欧盟的水产品出口种类主要为冻鱼（0303），贝类、头足类及其制品（0307），干、腌、熏制鱼（0305）和虾蟹类及其制品（0306）等；进口的水产品种类主要有干、腌、熏制鱼（0305），贝类、头足类及其制品（0307）和虾蟹类及其制品（0306）等（表 4 - 2）。

表 4 - 2　2023 年中国对欧盟各类水产品进出口情况

分类代码	分类	出口		进口	
		总额/万美元	总量/吨	总额/万美元	总量/吨
0301	活鱼	38.4	7	0.0	0
0302	新鲜或冷藏鱼	4.3	4	1 808.6	1 065
0305	干、腌、熏制鱼	8 385.9	31 430	20 990.1	47 189
0303	冻鱼	104 788.6	237 079	188.7	576
0304	鲜、冷、冻鱼片及其他鱼肉	4 526.8	10 156	1 193.0	256
0306	虾蟹类及其制品	12 264.7	14 579	11 123.7	10 209
0307	贝类、头足类及其制品	18 899.3	46 243	7 142.5	17 346
0308	海参、海蜇、海胆及其制品	420.0	285	0.0	0
0309	供人类食用的水产品渣粉	0.4	0	4.5	1

第三节

日　本

中国与日本是世界水产品消费与贸易大国，市场需求呈逐年上涨趋势。2019—2023年，受新冠疫情及日本核污水排海等因素影响，中国与日本水产品进出口总额整体波动较大，呈先下降后上升再下降的趋势。受新冠疫情影响，2020年水产品进出口总额由2019年的23.7亿美元减少至19.4亿美元；2022年贸易逐渐恢复后，水产品进出口总额迅速恢复至23.6亿美元，与2019年基本持平（图4-7）。但2023年8月24日，日本政府无视国际社会的强烈质疑和反对，单方面启动福岛第一核电站核污染水排海。中国为保护消费者免受放射性污染的潜在风险，全面暂停进口原产地为日本的水产品（含食用水生动物）。受此影响，2023年中国对日本的水产品进出口总额下降较多，降至19.4亿美元。总体上，中国对日本的水产品出口额远高于进口额，出口额是进口额的4～8倍。

	2019年	2020年	2021年	2022年	2023年
进口	3.3	2.2	3.9	5.1	3.0
出口	20.4	17.2	17.4	18.5	16.4
进出口	23.7	19.4	21.3	23.6	19.4

图4-7　2019—2023年中国与日本水产品进出口额情况

出口方面，2019—2023年中国对日本水产品出口额变化情况同进出口总额一致，呈先下降后上升再下降的趋势。2023年中国对日本水产品出口额为16.4亿美元，同比下降11.4%，比2019年降低19.6%。中国出口至日本的水产品品种排前五位的依次为鲜、冷、冻鱼片及其他鱼肉（0304），贝类、头足类及其制品（0307），活鱼（0301），虾蟹类及其制品（0306）及冻鱼（0303）（图4-8）。

进口方面，2019—2023年中国自日本进口的水产品总额与进出口总额及出口总额变

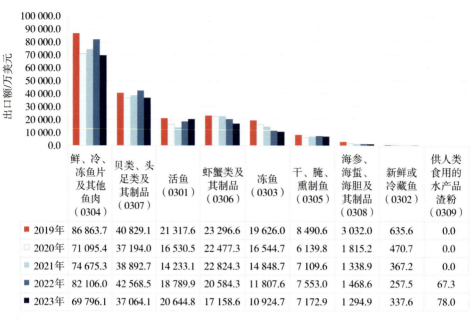

	鲜、冷、冻鱼片及其他鱼肉（0304）	贝类、头足类及其制品（0307）	活鱼（0301）	虾蟹类及其制品（0306）	冻鱼（0303）	干、腌、熏制鱼（0305）	海参、海蜇、海胆及其制品（0308）	新鲜或冷藏鱼（0302）	供人类食用的水产品渣粉（0309）
2019年	86 863.7	40 829.1	21 317.6	23 296.6	19 626.0	8 490.6	3 032.0	635.6	0.0
2020年	71 095.4	37 194.0	16 530.5	22 477.3	16 544.7	6 139.8	1 815.2	470.7	0.0
2021年	74 675.3	38 892.7	14 233.1	22 824.3	14 848.7	7 109.6	1 338.9	367.2	0.0
2022年	82 106.0	42 568.5	18 789.9	20 584.3	11 807.6	7 553.0	1 468.6	257.5	67.3
2023年	69 796.1	37 064.1	20 644.8	17 158.6	10 924.7	7 172.9	1 294.9	337.6	78.0

图 4 - 8　2019—2023 年中国出口至日本不同水产品种类出口额情况

化趋势一致，呈先下降后上升再下降的趋势。2023 年中国自日本进口的水产品总额为 3.0 亿美元，同比下降 41.2%，也比 2019 年低 0.3 亿美元。中国自日本进口的水产品品种主要为贝类、头足类及其制品（0307），冻鱼（0303），新鲜或冷藏鱼（0302），鲜、冷、冻鱼片及其他鱼肉（0304）及虾蟹类及其制品（0306）等（图 4 - 9）。

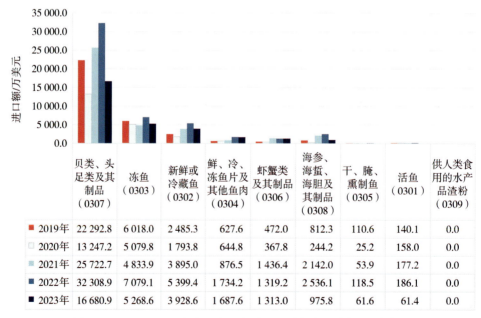

	贝类、头足类及其制品（0307）	冻鱼（0303）	新鲜或冷藏鱼（0302）	鲜、冷、冻鱼片及其他鱼肉（0304）	虾蟹类及其制品（0306）	海参、海蜇、海胆及其制品（0308）	干、腌、熏制鱼（0305）	活鱼（0301）	供人类食用的水产品渣粉（0309）
2019年	22 292.8	6 018.0	2 485.3	627.6	472.0	812.3	110.6	140.1	0.0
2020年	13 247.2	5 079.8	1 793.8	644.8	367.8	244.2	25.2	158.0	0.0
2021年	25 722.7	4 833.9	3 895.0	876.5	1 436.4	2 142.0	53.9	177.2	0.0
2022年	32 308.9	7 079.1	5 399.4	1 734.2	1 319.2	2 536.1	118.5	186.1	0.0
2023年	16 680.9	5 268.6	3 928.6	1 687.6	1 313.0	975.8	61.6	61.4	0.0

图 4 - 9　2019—2023 年中国自日本进口不同水产品种类进口额情况

中国与日本间的水产品进出口贸易顺差品种主要为鲜、冷、冻鱼片及其他鱼肉

（0304），活鱼（0301），贝类、头足类及其制品（0307），虾蟹类及其制品（0306），干、腌、熏制鱼（0305）与冻鱼（0303）等；贸易逆差品种主要为新鲜或冷藏鱼（0302）等（图4－10）。

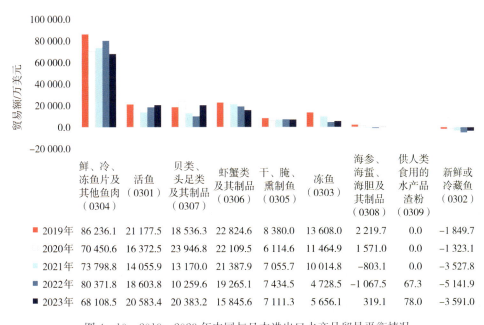

	鲜、冷、冻鱼片及其他鱼肉（0304）	活鱼（0301）	贝类、头足类及其制品（0307）	虾蟹类及其制品（0306）	干、腌、熏制鱼（0305）	冻鱼（0303）	海参、海蜇、海胆及其制品（0308）	供人类食用的水产品渣粉（0309）	新鲜或冷藏鱼（0302）
2019年	86 236.1	21 177.5	18 536.3	22 824.6	8 380.0	13 608.0	2 219.7	0.0	−1 849.7
2020年	70 450.6	16 372.5	23 946.8	22 109.5	6 114.6	11 464.9	1 571.0	0.0	−1 323.1
2021年	73 798.8	14 055.9	13 170.0	21 387.9	7 055.7	10 014.8	−803.1	0.0	−3 527.8
2022年	80 371.8	18 603.8	10 259.6	19 265.1	7 434.5	4 728.5	−1 067.5	67.3	−5 141.9
2023年	68 108.5	20 583.4	20 383.2	15 845.6	7 111.3	5 656.1	319.1	78.0	−3 591.0

图4－10　2019—2023年中国与日本进出口水产品贸易平衡情况

第四节

美　国

2018年以来，中美经贸问题突出，摩擦不断。受此影响，2019年中美双边贸易出现下滑，东盟首次取代美国，成为中国第二大贸易伙伴，而美国则降至中国第三大贸易伙伴。2019—2023年，中美水产品进出口贸易总额呈先下降后上升再下降的趋势。2020年，受新冠疫情影响，中国对美国的水产品进出口总额减少至18.9亿美元，同比下降16.7%（图4-11）。2021年起水产品进出口总额逐年提升，2022年增加至25.9亿美元，比2019年的进出口总额高14.1%。2023年，受世界经济复苏态势不稳、企业对未来预期不明朗、中美贸易摩擦等多种因素影响，中国对美国的水产品进出口总额重新减少至22.6亿美元，基本与2019年持平。此外，2019—2022年中国对美国的水产品出口总额均略高于进口总额，2023年的进口总额高于出口总额。

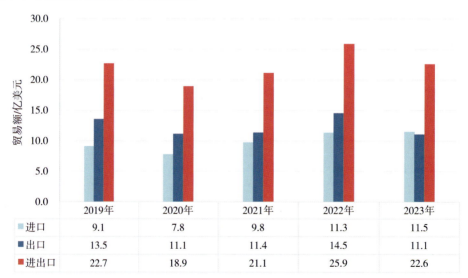

图4-11　2019—2023年中国与美国水产品进出口额情况

出口方面，2019—2023年中国对美国水产品出口额变化情况同进出口总额变化情况一致，呈先下降后上升再下降的趋势。2023年中国对美国的水产品出口额减少至11.1亿美元，同比下降23.4%，也比2019年下降17.8%，与2020年相当。中国出口至美国的水产品品种主要为鲜、冷、冻鱼片及其他鱼肉（0304），贝类、头足类及其制品（0307），冻鱼（0303），虾蟹类及其制品（0306）及干、腌、熏制鱼（0305）等（图4-12）。

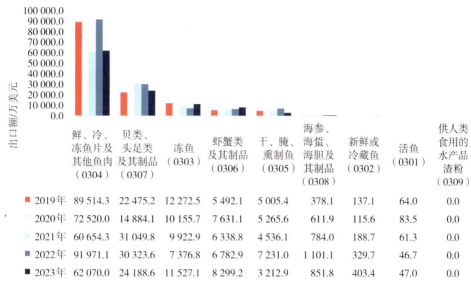

	鲜、冷、冻鱼片及其他鱼肉（0304）	贝类、头足类及其制品（0307）	冻鱼（0303）	虾蟹类及其制品（0306）	干、腌、熏制鱼（0305）	海参、海蜇、海胆及其制品（0308）	新鲜或冷藏鱼（0302）	活鱼（0301）	供人类食用的水产品渣粉（0309）
2019年	89 514.3	22 475.2	12 272.5	5 492.1	5 005.4	378.1	137.1	64.0	0.0
2020年	72 520.0	14 884.1	10 155.7	7 631.1	5 265.6	611.9	115.6	83.5	0.0
2021年	60 654.3	31 049.8	9 922.9	6 338.8	4 536.1	784.0	188.7	61.3	0.0
2022年	91 971.1	30 323.6	7 376.8	6 782.9	7 231.0	1 101.1	329.7	46.7	0.0
2023年	62 070.0	24 188.6	11 527.1	8 299.2	3 212.9	851.8	403.4	47.0	0.0

图 4 - 12　2019—2023 年中国出口至美国不同水产品种类出口额情况

　　进口方面，2019—2023 年中国对美国水产品进口额与进出口总额的变化略有不同，呈先下降后上升的趋势。其中，2020 年中国自美国进口的水产品总额最低，为 7.8 亿美元，往后逐年增加；2023 年，中国自美国进口的水产品总额增加至 11.5 亿美元，同比增长 1.8%，也比 2019 年高 26.4%。中国自美国进口的水产品品种主要为冻鱼（0303），虾蟹类及其制品（0306），贝类、头足类及其制品（0307），鲜、冷、冻鱼片及其他鱼肉（0304）等（图 4 - 13）。

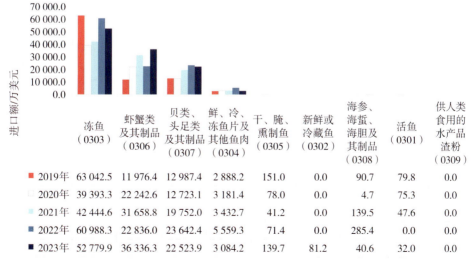

	冻鱼（0303）	虾蟹类及其制品（0306）	贝类、头足类及其制品（0307）	鲜、冷、冻鱼片及其他鱼肉（0304）	干、腌、熏制鱼（0305）	新鲜或冷藏鱼（0302）	海参、海蜇、海胆及其制品（0308）	活鱼（0301）	供人类食用的水产品渣粉（0309）
2019年	63 042.5	11 976.4	12 987.4	2 888.2	151.0	0.0	90.7	79.8	0.0
2020年	39 393.3	22 242.6	12 723.1	3 181.4	78.0	0.0	4.7	75.3	0.0
2021年	42 444.6	31 658.8	19 752.0	3 432.7	41.2	0.0	139.5	47.6	0.0
2022年	60 988.3	22 836.0	23 642.4	5 559.3	71.4	0.0	285.4	0.0	0.0
2023年	52 779.9	36 336.3	22 523.9	3 084.2	139.7	81.2	40.6	32.0	0.0

图 4 - 13　2019—2023 年中国自美国进口不同水产品种类进口额情况

　　从中国与美国进出口水产品贸易平衡情况来看，2019—2023 年中国与美国间进出口贸易顺差的品种主要为鲜、冷、冻鱼片及其他鱼肉（0304），干、腌、熏制鱼（0305），贝类、头足类及其制品（0307）与海参、海蜇、海胆及其制品（0308）；贸易逆差的品种主要为冻鱼（0303）与虾蟹类及其制品（0306）等（图4-14）。

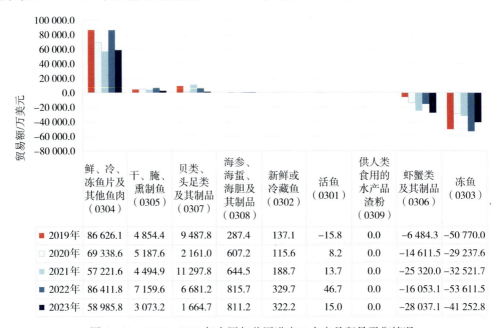

	鲜、冷、冻鱼片及其他鱼肉（0304）	干、腌、熏制鱼（0305）	贝类、头足类及其制品（0307）	海参、海蜇、海胆及其制品（0308）	新鲜或冷藏鱼（0302）	活鱼（0301）	供人类食用的水产品渣粉（0309）	虾蟹类及其制品（0306）	冻鱼（0303）
■ 2019年	86 626.1	4 854.4	9 487.8	287.4	137.1	-15.8	0.0	-6 484.3	-50 770.0
□ 2020年	69 338.6	5 187.6	2 161.0	607.2	115.6	8.2	0.0	-14 611.5	-29 237.6
▨ 2021年	57 221.6	4 494.9	11 297.8	644.5	188.7	13.7	0.0	-25 320.0	-32 521.7
■ 2022年	86 411.8	7 159.6	6 681.2	815.7	329.7	46.7	0.0	-16 053.1	-53 611.5
■ 2023年	58 985.8	3 073.2	1 664.7	811.2	322.2	15.0	0.0	-28 037.1	-41 252.8

图4-14 2019—2023年中国与美国进出口水产品贸易平衡情况

第五节
韩　　国

中国与韩国水产品进出口贸易总体情况较为稳定，中国是韩国最大的水产品出口国，也是韩国最大的水产品进口来源国之一。受新冠疫情、世界经济复苏态势不稳等多种因素影响，2019—2023 年，中国与韩国水产品进出口总额总体上稳中有降，且中间略有波动，2019 年的进出口总额为五年来最大，达 15.1 亿美元，2020 年下降至最低（14.0 亿美元），后又逐年不断小幅提升，2022 年达到 14.8 亿美元，然后 2023 年又减少至 13.8 亿美元（图 4 - 15），比 2019 年减少了 1.3 亿美元，降幅为 8.6％。总体上，中国对韩国的水产品出口额远高于进口额，2019—2023 年的出口额为进口额的 7～12 倍。

	2019年	2020年	2021年	2022年	2023年
进口	1.3	1.1	1.4	1.2	1.7
出口	13.9	12.9	13.1	13.5	12.2
进出口	15.1	14.0	14.5	14.8	13.8

图 4 - 15　2019—2023 年中国与韩国水产品进出口额情况

出口方面，2019—2023 年中国对韩国水产品出口额的变化与进出口额的变化趋势保持一致，呈先下降后上升再下降的波动模式，但总体上变化平缓。2023 年，中国对韩国水产品的出口额达 12.2 亿美元，同比下降 9.6％，相较于 2019 年也下降了 12.2％。中国出口至韩国的水产品主要包括贝类、头足类及其制品（0307），冻鱼（0303），活鱼（0301），鲜、冷、冻鱼片及其他鱼肉（0304），干、腌、熏制鱼（0305）与虾蟹类及其制品（0306）等（图 4 - 16）。

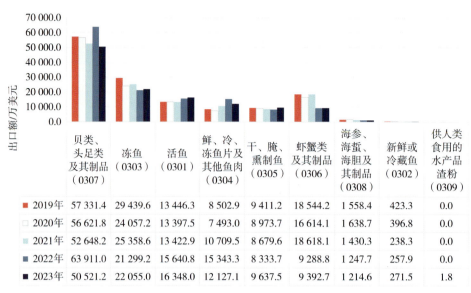

	贝类、头足类及其制品（0307）	冻鱼（0303）	活鱼（0301）	鲜、冷、冻鱼片及其他鱼肉（0304）	干、腌、熏制鱼（0305）	虾蟹类及其制品（0306）	海参、海蜇、海胆及其制品（0308）	新鲜或冷藏鱼（0302）	供人类食用的水产品渣粉（0309）
2019年	57 331.4	29 439.6	13 446.3	8 502.9	9 411.2	18 544.2	1 558.4	423.3	0.0
2020年	56 621.8	24 057.2	13 397.5	7 493.0	8 973.7	16 614.1	1 638.7	396.8	0.0
2021年	52 648.2	25 358.6	13 422.9	10 709.5	8 679.6	18 618.1	1 430.3	238.3	0.0
2022年	63 911.0	21 299.2	15 640.8	15 343.3	8 333.7	9 288.8	1 247.7	257.9	0.0
2023年	50 521.2	22 055.0	16 348.0	12 127.1	9 637.5	9 392.7	1 214.6	271.5	1.8

图 4 - 16　2019—2023 年中国出口至韩国不同水产品种类出口额情况

　　进口方面，2019—2023 年中国对韩国水产品进口额的变化趋势与进出口总额略有不同，呈先下降后上升再下降再上升的复杂模式，但总额保持在 1.1 亿～1.7 亿美元，变化幅度较小。2023 年，中国自韩国进口的水产品总额达 1.7 亿美元，创下五年来的新高，同比增长 41.7%，相较于 2019 年也增长了 30.8%。中国自韩国进口的水产品品种主要包括冻鱼（0303）、贝类、头足类及其制品（0307）、鲜、冷、冻鱼片及其他鱼肉（0304）、虾蟹类及其制品（0306）、新鲜或冷藏鱼（0302）等（图 4 - 17）。

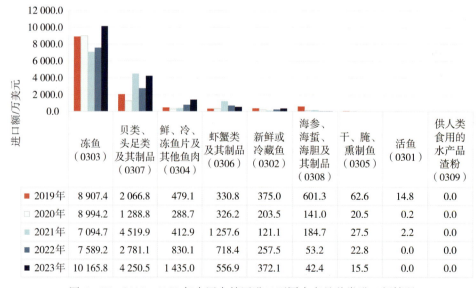

	冻鱼（0303）	贝类、头足类及其制品（0307）	鲜、冷、冻鱼片及其他鱼肉（0304）	虾蟹类及其制品（0306）	新鲜或冷藏鱼（0302）	海参、海蜇、海胆及其制品（0308）	干、腌、熏制鱼（0305）	活鱼（0301）	供人类食用的水产品渣粉（0309）
2019年	8 907.4	2 066.8	479.1	330.8	375.0	601.3	62.6	14.8	0.0
2020年	8 994.2	1 288.8	288.7	326.2	203.5	141.0	20.5	0.2	0.0
2021年	7 094.7	4 519.9	412.9	1 257.6	121.1	184.7	27.5	2.2	0.0
2022年	7 589.2	2 781.1	830.1	718.4	257.5	53.2	22.8	0.0	0.0
2023年	10 165.8	4 250.5	1 435.0	556.9	372.1	42.4	15.5	0.0	0.0

图 4 - 17　2019—2023 年中国自韩国进口不同水产品种类进口额情况

　　从中国与韩国的进出口水产品贸易平衡情况来看，2019—2023 年中国与韩国间进出口贸易顺差的品种主要为贝类、头足类及其制品（0307）、活鱼（0301）、冻鱼（0303）、

鲜、冷、冻鱼片及其他鱼肉（0304）、干、腌、熏制鱼（0305）、虾蟹类及其制品（0306）
与海参、海蜇、海胆及其制品（0308）等；仅 2023 年出现贸易逆差品种，为新鲜或冷藏
鱼（0302），2019—2022 年无贸易逆差品种（图 4 - 18）。

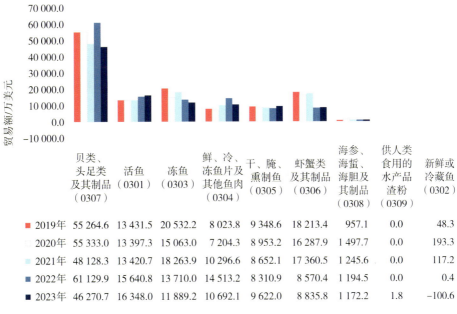

	贝类、头足类及其制品（0307）	活鱼（0301）	冻鱼（0303）	鲜、冷、冻鱼片及其他鱼肉（0304）	干、腌、熏制鱼（0305）	虾蟹类及其制品（0306）	海参、海蜇、海胆及其制品（0308）	供人类食用的水产品渣粉（0309）	新鲜或冷藏鱼（0302）
■ 2019年	55 264.6	13 431.5	20 532.2	8 023.8	9 348.6	18 213.4	957.1	0.0	48.3
□ 2020年	55 333.0	13 397.3	15 063.0	7 204.3	8 953.2	16 287.9	1 497.7	0.0	193.3
■ 2021年	48 128.3	13 420.7	18 263.9	10 296.6	8 652.1	17 360.5	1 245.6	0.0	117.2
■ 2022年	61 129.9	15 640.8	13 710.0	14 513.2	8 310.9	8 570.4	1 194.5	0.0	0.4
■ 2023年	46 270.7	16 348.0	11 889.2	10 692.1	9 622.0	8 835.8	1 172.2	1.8	−100.6

图 4 - 18　2019—2023 年中国与韩国进出口水产品贸易平衡情况

第六节

厄瓜多尔

对虾是厄瓜多尔的支柱产业之一。2021 年，厄瓜多尔首次成为全球最大的产虾国。中国是厄瓜多尔的第二大贸易伙伴。自 2018 年 12 月两国签署共建"一带一路"合作谅解备忘录以来，中国一跃成为厄瓜多尔最大的水产品进口国。中国与厄瓜多尔水产品进出口贸易主要集中在对虾类产品方面，双方贸易额在近几年内出现明显增长。总体上，中国对厄瓜多尔的出口水产品极少，而自厄瓜多尔进口的水产品总额远大于出口额，2023 年中国对厄瓜多尔的进口额是出口额的 6 070 倍。2019—2023 年，中国与厄瓜多尔的水产品进出口总额呈先小幅下降再大幅提升的趋势。受新冠疫情影响，2020 年中国对厄瓜多尔水产品进出口总额略有下降，从 2019 年的 19.0 亿美元减少至 17.2 亿美元，降幅达 9.5%，但之后逐年增加，2023 年进出口总额增加到 35.6 亿美元，虽同比仅增加 209.1 万美元，但比 2019 年增加 16.6 亿美元，增幅达 87.4%（图 4-19）。

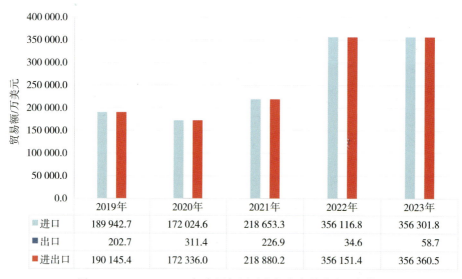

	2019年	2020年	2021年	2022年	2023年
进口	189 942.7	172 024.6	218 653.3	356 116.8	356 301.8
出口	202.7	311.4	226.9	34.6	58.7
进出口	190 145.4	172 336.0	218 880.2	356 151.4	356 360.5

图 4-19 2019—2023 年中国与厄瓜多尔水产品进出口额情况

出口方面，中国对厄瓜多尔出口的水产品极少，2019—2023 年水产品出口额分别仅为 202.7 万美元、311.4 万美元、226.9 万美元、34.6 万美元和 58.7 万美元，呈先上升后下降再上升的趋势。中国出口至厄瓜多尔的水产品品种也很少，仅为冻鱼（0303）、虾蟹类及其制品（0306）和极少量的干、腌、熏制鱼（0305）（图 4-20）。

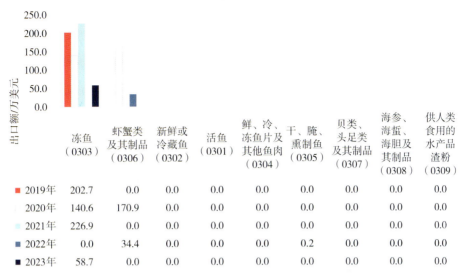

	冻鱼 （0303）	虾蟹类 及其制品 （0306）	新鲜或 冷藏鱼 （0302）	活鱼 （0301）	鲜、冷、 冻鱼片及 其他鱼肉 （0304）	干、腌、 熏制鱼 （0305）	贝类、 头足类 及其制品 （0307）	海参、 海蜇、 海胆及 其制品 （0308）	供人类 食用的 水产品 渣粉 （0309）
■ 2019年	202.7	0.0	0.0	0.0	0.0	0.0	0.0	0.0	0.0
□ 2020年	140.6	170.9	0.0	0.0	0.0	0.0	0.0	0.0	0.0
■ 2021年	226.9	0.0	0.0	0.0	0.0	0.0	0.0	0.0	0.0
■ 2022年	0.0	34.4	0.0	0.0	0.0	0.0	0.2	0.0	0.0
■ 2023年	58.7	0.0	0.0	0.0	0.0	0.0	0.0	0.0	0.0

图 4-20 2019—2023 年中国出口至厄瓜多尔不同水产品种类出口额情况

进口方面，2019—2023 年中国对厄瓜多尔的水产品进口额呈先下降后上升的趋势。2023 年中国自厄瓜多尔进口的水产品总额达 35.6 亿美元，虽同比增长仅 185.0 万美元，但比 2019 年增加 16.6 亿美元，涨幅 87.4%。中国自厄瓜多尔进口的水产品主要为虾蟹类及其制品（0306），此外还有少量的冻鱼（0303）和贝类、头足类及其制品（0307）（图 4-21）。

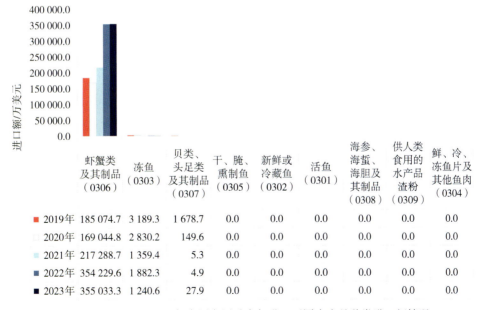

	虾蟹类 及其制品 （0306）	冻鱼 （0303）	贝类、 头足类 及其制品 （0307）	干、腌、 熏制鱼 （0305）	新鲜或 冷藏鱼 （0302）	活鱼 （0301）	海参、 海蜇、 海胆及 其制品 （0308）	供人类 食用的 水产品 渣粉 （0309）	鲜、冷、 冻鱼片及 其他鱼肉 （0304）
■ 2019年	185 074.7	3 189.3	1 678.7	0.0	0.0	0.0	0.0	0.0	0.0
□ 2020年	169 044.8	2 830.2	149.6	0.0	0.0	0.0	0.0	0.0	0.0
■ 2021年	217 288.7	1 359.4	5.3	0.0	0.0	0.0	0.0	0.0	0.0
■ 2022年	354 229.6	1 882.3	4.9	0.0	0.0	0.0	0.0	0.0	0.0
■ 2023年	355 033.3	1 240.6	27.9	0.0	0.0	0.0	0.0	0.0	0.0

图 4-21 2019—2023 年中国自厄瓜多尔进口不同水产品种类进口额情况

从中国与厄瓜多尔的进出口水产品贸易平衡情况来看，2019—2023 年，除 2022 年在干、腌、熏制鱼（0305）这一类别中出现了 0.2 万美元的微小贸易顺差外，在虾蟹类及其制品（0306）、冻鱼（0303）和贝类、头足类及其制品（0307）的贸易上均呈现逆差状态（图 4-22）。

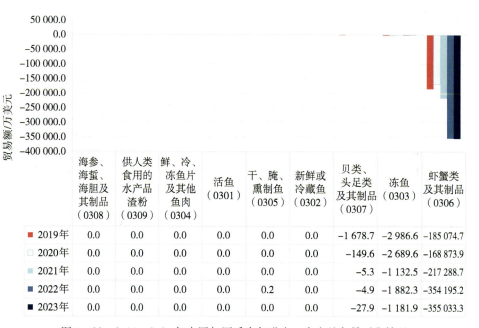

贸易额/万美元	海参、海蜇、海胆及其制品（0308）	供人类食用的水产品渣粉（0309）	鲜、冷、冻鱼片及其他鱼肉（0304）	活鱼（0301）	干、腌、熏制鱼（0305）	新鲜或冷藏鱼（0302）	贝类、头足类及其制品（0307）	冻鱼（0303）	虾蟹类及其制品（0306）
■ 2019年	0.0	0.0	0.0	0.0	0.0	0.0	−1 678.7	−2 986.6	−185 074.7
□ 2020年	0.0	0.0	0.0	0.0	0.0	0.0	−149.6	−2 689.6	−168 873.9
■ 2021年	0.0	0.0	0.0	0.0	0.0	0.0	−5.3	−1 132.5	−217 288.7
■ 2022年	0.0	0.0	0.0	0.0	0.2	0.0	−4.9	−1 882.3	−354 195.2
■ 2023年	0.0	0.0	0.0	0.0	0.0	0.0	−27.9	−1 181.9	−355 033.3

图 4-22　2019—2023 年中国与厄瓜多尔进出口水产品贸易平衡情况

第七节

俄 罗 斯

中俄于 2011 年建立平等信任、相互支持、共同繁荣、世代友好的全面战略协作伙伴关系，2019 年提升为中俄新时代全面战略协作伙伴关系。当前，中俄关系处于历史最好时期。在经贸领域积极开展共建"一带一路"与欧亚经济联盟建设对接合作，务实合作取得丰硕成果。在渔业领域的科技创新与产业合作也不断加强，水产品贸易的质量和效益不断提升。随着俄乌冲突的爆发，一些国家纷纷减少对俄罗斯水产品的进口。在全球贸易风波中，中国成为俄罗斯水产品最大买家，中国自俄罗斯水产品进口量额均在 2021—2023 年实现快速增长，尤其在日本核污水排海后，中国暂停进口日本水产品，来自俄罗斯的水产品填补了中国供给空缺，中国自俄罗斯的水产品进口量大幅增加，但由于俄罗斯水产品的打折促销策略，进口额仅实现小幅增长。俄罗斯是中国重要的水产品进口来源国之一，2019—2020 年进口额居首位，2021—2023 连续三年排名第二，仅次于厄瓜多尔，主要进口水产品品种为冷冻鳕鱼、沙丁鱼、鲱鱼、鲑鱼以及蟹类等。同时，中国也向俄罗斯出口一定数量的水产品，但出口额相对很小，总体上，进口额是出口额的 8～21 倍。2019—2023 年，中国与俄罗斯水产品进出口总额呈先下降后上升的趋势。受新冠疫情影响，2020 年进出口总额降至最低，为 20.1 亿美元，同比减少 4.1 亿美元，但往后逐年提升，2023 年进出口总额增加至 30.3 亿美元，同比增加 0.9 亿美元，也比 2019 年增加 6.1 亿美元，增幅达 25.2%（图 4-23）。

	2019年	2020年	2021年	2022年	2023年
进口	21.9	18.4	18.6	27.5	28.9
出口	2.3	1.7	2.1	1.9	1.4
进出口	24.2	20.1	20.7	29.4	30.3

图 4-23　2019—2023 年中国与俄罗斯水产品进出口额情况

　　出口方面，2019—2023 年中国对俄罗斯水产品出口额变化呈先下降后上升再下降的趋势，总体上由 2019 年的 2.3 亿美元减少至 2023 年的 1.4 亿美元，降幅达 39.1%。中国出口至俄罗斯的水产品品种主要为冻鱼（0303），鲜、冷、冻鱼片及其他鱼肉（0304），贝类、头足类及其制品（0307）和虾蟹类及其制品（0306）等（图 4-24）。

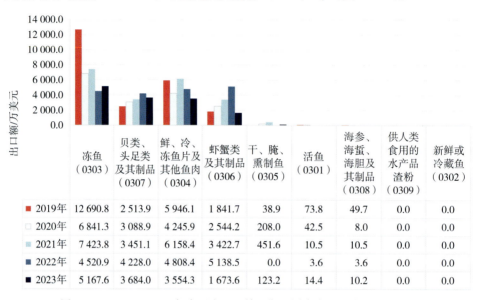

	冻鱼 （0303）	贝类、 头足类 及其制品 （0307）	鲜、冷、 冻鱼片及 其他鱼肉 （0304）	虾蟹类 及其制品 （0306）	干、腌、 熏制鱼 （0305）	活鱼 （0301）	海参、 海蜇、 海胆及 其制品 （0308）	供人类 食用的 水产品 渣粉 （0309）	新鲜或 冷藏鱼 （0302）
2019年	12 690.8	2 513.9	5 946.1	1 841.7	38.9	73.8	49.7	0.0	0.0
2020年	6 841.3	3 088.9	4 245.9	2 544.2	208.0	42.5	8.0	0.0	0.0
2021年	7 423.8	3 451.1	6 158.4	3 422.7	451.6	10.5	10.5	0.0	0.0
2022年	4 520.9	4 228.0	4 808.4	5 138.5	0.0	3.6	3.6	0.0	0.0
2023年	5 167.6	3 684.0	3 554.3	1 673.6	123.2	14.4	10.2	0.0	0.0

图 4-24　2019—2023 年中国出口至俄罗斯不同水产品种类出口额情况

　　进口方面，2019—2023 年中国对俄罗斯的水产品进口额呈先下降后上升的趋势，与进出口总额变化趋势一致，其中 2023 年中国自俄罗斯进口的水产品总额增加至 28.9 亿美元，同比增长 5.1%，也比 2019 年增长 32.0%。中国自俄罗斯进口的水产品品种主要为冻鱼（0303）和虾蟹类及其制品（0306），此外还有少量的贝类、头足类及其制品（0307）和鲜、冷、冻鱼片及其他鱼肉（0304）等（图 4-25）。

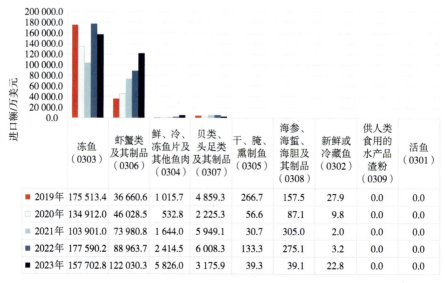

	冻鱼 （0303）	虾蟹类 及其制品 （0306）	鲜、冷、 冻鱼片及 其他鱼肉 （0304）	贝类、 头足类 及其制品 （0307）	干、腌、 熏制鱼 （0305）	海参、 海蜇、 海胆及 其制品 （0308）	新鲜或 冷藏鱼 （0302）	供人类 食用的 水产品 渣粉 （0309）	活鱼 （0301）
2019年	175 513.4	36 660.6	1 015.7	4 859.3	266.7	157.5	27.9	0.0	0.0
2020年	134 912.0	46 028.5	532.8	2 225.3	56.6	87.1	9.8	0.0	0.0
2021年	103 901.0	73 980.8	1 644.0	5 949.1	30.7	305.0	2.0	0.0	0.0
2022年	177 590.2	88 963.7	2 414.5	6 008.3	133.3	275.1	3.2	0.0	0.0
2023年	157 702.8	122 030.3	5 826.0	3 175.9	39.3	39.1	22.8	0.0	0.0

图 4-25　2019—2023 年中国自俄罗斯进口不同水产品种类进口额情况

从中国与俄罗斯的进出口水产品贸易平衡情况来看，2019—2023 年中国与俄罗斯间进出口贸易顺差的品种主要为鲜、冷、冻鱼片及其他鱼肉（0304，2023 年除外）和干、腌、熏制鱼（0305，2019 年和 2022 年除外）等；贸易逆差的品种主要为冻鱼（0303），虾蟹类及其制品（0306）和贝类、头足类及其制品（0307，2020 年和 2023 年除外）等（图 4 - 26）。

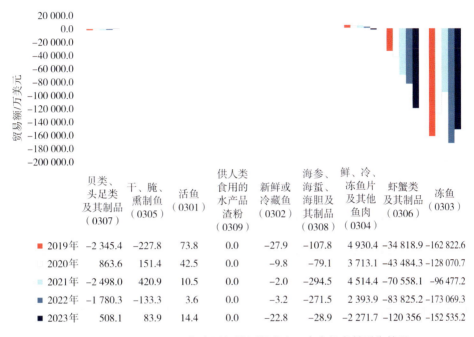

	贝类、头足类及其制品（0307）	干、腌、熏制鱼（0305）	活鱼（0301）	供人类食用的水产品渣粉（0309）	新鲜或冷藏鱼（0302）	海参、海蜇、海胆及其制品（0308）	鲜、冷、冻鱼片及其他鱼肉（0304）	虾蟹类及其制品（0306）	冻鱼（0303）
■ 2019年	-2 345.4	-227.8	73.8	0.0	-27.9	-107.8	4 930.4	-34 818.9	-162 822.6
□ 2020年	863.6	151.4	42.5	0.0	-9.8	-79.1	3 713.1	-43 484.3	-128 070.7
■ 2021年	-2 498.0	420.9	10.5	0.0	-2.0	-294.5	4 514.4	-70 558.1	-96 477.2
■ 2022年	-1 780.3	-133.3	3.6	0.0	-3.2	-271.5	2 393.9	-83 825.2	-173 069.3
■ 2023年	508.1	83.9	14.4	0.0	-22.8	-28.9	-2 271.7	-120 356	-152 535.2

图 4 - 26　2019—2023 年中国与俄罗斯进出口水产品贸易平衡情况

第八节

秘　　鲁

秘鲁是中国在南美洲的重要贸易伙伴之一，两国的经贸关系稳定发展，合作空间不断拓展，水产品贸易方面的合作越来越密切。中国是秘鲁2023年的全球第一大水产品出口市场，也是秘鲁最重要的水产品进口来源国之一。2019—2023年，中国与秘鲁水产品进出口总额居于1.0亿～3.9亿美元，总体呈先下降后上升再下降再上升的波动上涨趋势。2023年，中国与秘鲁的进出口总额达3.9亿美元，同比增长95.0%，比2019年增加1倍多（图4-27）。相比之下，中国对秘鲁的水产品进口额远高于出口额，2019—2023年进口额是出口额的29～67倍。

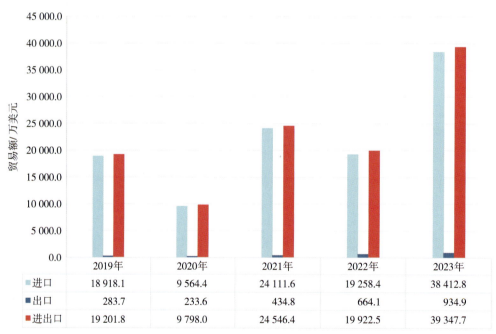

	2019年	2020年	2021年	2022年	2023年
进口	18 918.1	9 564.4	24 111.6	19 258.4	38 412.8
出口	283.7	233.6	434.8	664.1	934.9
进出口	19 201.8	9 798.0	24 546.4	19 922.5	39 347.7

图4-27　2019—2023年中国与秘鲁水产品进出口额情况

出口方面，2019—2023年，中国对秘鲁水产品出口额变化呈先下降后上升的趋势，除2020年出口额有所下降外，往后逐年不断增加，2023年中国对秘鲁水产品出口额增加至934.9万美元，同比增长40.8%。中国出口至秘鲁的水产品品种主要为贝类、头足类及其制品（0307），鲜、冷、冻鱼片及其他鱼肉（0304）和冻鱼（0303）（图4-28）。

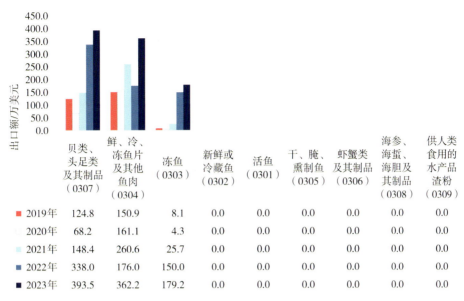

图 4-28　2019—2023 年中国出口至秘鲁不同水产品种类出口额情况

进口方面，与进出口总额变化趋势类似，2019—2023 年，中国对秘鲁水产品进口额呈先下降后上升再下降再上升的波动上升趋势，其中 2023 年中国自秘鲁进口的水产品总额达 3.8 亿美元，是 2022 年进口额的 2 倍。中国自秘鲁进口的水产品品种主要为贝类、头足类及其制品（0307），虾蟹类及其制品（0306）和冻鱼（0303）等（图 4-29）。

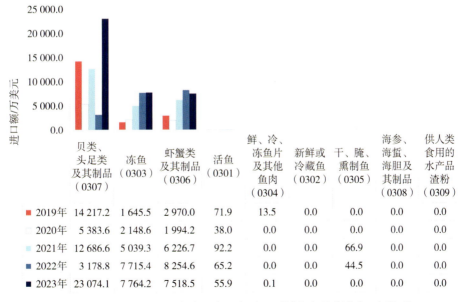

图 4-29　2019—2023 年中国自秘鲁进口不同水产品种类进口额情况

从中国与秘鲁进出口水产品贸易平衡情况来看，2019—2023 年中国与秘鲁间进出口贸易顺差的品种为鲜、冷、冻鱼片及其他鱼肉（0304）；贸易逆差品种主要为贝类、头足类及其制品（0307），冻鱼（0303）、虾蟹类及其制品（0306）和活鱼（0301）等（图 4-30）。

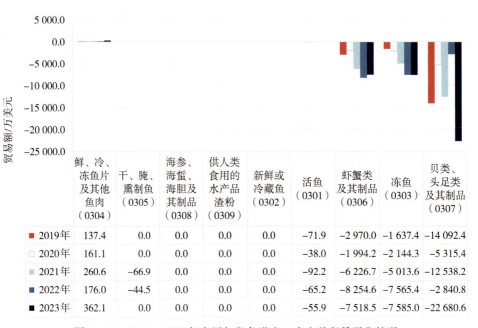

	鲜、冷、冻鱼片及其他鱼肉（0304）	干、腌、熏制鱼（0305）	海参、海蜇、海胆及其制品（0308）	供人类食用的水产品渣粉（0309）	新鲜或冷藏鱼（0302）	活鱼（0301）	虾蟹类及其制品（0306）	冻鱼（0303）	贝类、头足类及其制品（0307）
■ 2019年	137.4	0.0	0.0	0.0	0.0	−71.9	−2 970.0	−1 637.4	−14 092.4
□ 2020年	161.1	0.0	0.0	0.0	0.0	−38.0	−1 994.2	−2 144.3	−5 315.4
■ 2021年	260.6	−66.9	0.0	0.0	0.0	−92.2	−6 226.7	−5 013.6	−12 538.2
■ 2022年	176.0	−44.5	0.0	0.0	0.0	−65.2	−8 254.6	−7 565.4	−2 840.8
■ 2023年	362.1	0.0	0.0	0.0	0.0	−55.9	−7 518.5	−7 585.0	−22 680.6

图 4 - 30　2019—2023 年中国与秘鲁进出口水产品贸易平衡情况

第九节

挪　　威

挪威海洋资源丰富，渔业是其重要的支柱产业，年渔获量达 200 多万吨，是世界渔获量排名前十的渔业大国。挪威北部沿海是世界著名渔场，主要捕捞鱼种为鲑鱼、鳕鱼、鲭鱼等，养殖以鲑鱼为主。挪威是全球最大的水产品出口国之一，共向 153 个国家和地区出口水产品，波兰、丹麦和美国是其前三大出口市场。中国与挪威在水产品贸易方面有紧密联系。2021 年，中挪两国围绕货物贸易、海关程序与贸易便利化、技术性贸易壁垒等领域开展自贸协定磋商，为两国经贸合作打牢基础。近年来，中挪水产品贸易总额不断增长。目前，中国是挪威在亚洲最大的水产品出口市场。挪威向中国出口的海产品主要包括鲑鱼、鳕鱼、鳟鱼、鲭鱼等，其中鲑鱼在出口份额中占据了相当大的比例。2019—2023 年，除 2020 年受新冠疫情影响水产品进出口总额有所下降外，其余年份水产品贸易呈稳步增长态势，2023 年进出口总额增加至 9.7 亿美元，同比增加 0.4 亿美元，比 2019 年增加 2.6 亿美元，增幅达 36.6%（图 4 - 31）。总体上，中国自挪威进口水产品的贸易额远比中国出口至挪威的水产品贸易额高。

图 4 - 31　2019—2023 年中国与挪威水产品进出口额情况

出口方面，2019—2023 年中国对挪威水产品出口额较为稳定，除 2021 年受新冠疫情影响降低至 0.1 亿美元外，其余年份均稳定在 0.2 亿美元左右。中国出口至挪威的水产品品种主要为鲜、冷、冻鱼片及其他鱼肉（0304）和干、腌、熏制鱼（0305）等（图 4-32），但出口量很少。

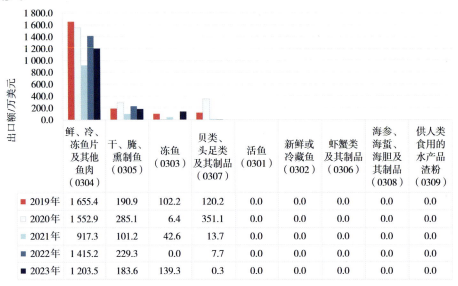

	鲜、冷、冻鱼片及其他鱼肉（0304）	干、腌、熏制鱼（0305）	冻鱼（0303）	贝类、头足类及其制品（0307）	活鱼（0301）	新鲜或冷藏鱼（0302）	虾蟹类及其制品（0306）	海参、海蜇、海胆及其制品（0308）	供人类食用的水产品渣粉（0309）
■ 2019年	1 655.4	190.9	102.2	120.2	0.0	0.0	0.0	0.0	0.0
□ 2020年	1 552.9	285.1	6.4	351.1	0.0	0.0	0.0	0.0	0.0
▨ 2021年	917.3	101.2	42.6	13.7	0.0	0.0	0.0	0.0	0.0
■ 2022年	1 415.2	229.3	0.0	7.7	0.0	0.0	0.0	0.0	0.0
■ 2023年	1 203.5	183.6	139.3	0.3	0.0	0.0	0.0	0.0	0.0

图 4-32　2019—2023 年中国出口至挪威不同水产品种类出口额情况

进口方面，2019—2023 年中国对挪威水产品进口额呈先下降后上升的趋势，2020 年受全球新冠疫情影响，中国自挪威进口水产品额度稍有下降，但往后逐年递增，整体呈稳定上升趋势。2023 年中国自挪威进口的水产品总额达 9.6 亿美元。中国自挪威进口的水产品品种主要为冻鱼（0303）和新鲜或冷藏鱼（0302），此外还有少量的虾蟹类及其制品（0306）和鲜、冷、冻鱼片及其他鱼肉（0304）等（图 4-33）。

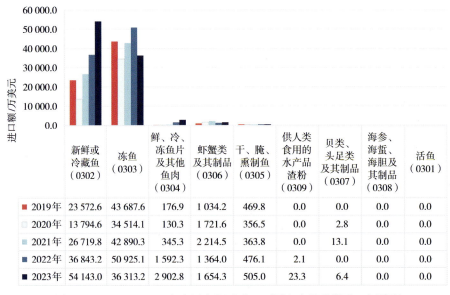

	新鲜或冷藏鱼（0302）	冻鱼（0303）	鲜、冷、冻鱼片及其他鱼肉（0304）	虾蟹类及其制品（0306）	干、腌、熏制鱼（0305）	供人类食用的水产品渣粉（0309）	贝类、头足类及其制品（0307）	海参、海蜇、海胆及其制品（0308）	活鱼（0301）
■ 2019年	23 572.6	43 687.6	176.9	1 034.2	469.8	0.0	0.0	0.0	0.0
□ 2020年	13 794.6	34 514.1	130.3	1 721.6	356.5	0.0	2.8	0.0	0.0
▨ 2021年	26 719.8	42 890.3	345.3	2 214.5	363.8	0.0	13.1	0.0	0.0
■ 2022年	36 843.2	50 925.1	1 592.3	1 364.0	476.1	2.1	0.0	0.0	0.0
■ 2023年	54 143.0	36 313.2	2 902.8	1 654.3	505.0	23.3	6.4	0.0	0.0

图 4-33　2019—2023 年中国自挪威进口不同水产品种类进口额情况

　　从中国与挪威进出口水产品贸易平衡情况来看，中国与挪威间进出口贸易顺差的品种为 2019—2021 年的鲜、冷、冻鱼片及其他鱼肉（0304）和 2019—2022 年的贝类、头足类及其制品（0307），2023 年无贸易顺差品种；贸易逆差的品种主要为冻鱼（0303），新鲜或冷藏鱼（0302），虾蟹类及其制品（0306），鲜、冷、冻鱼片及其他鱼肉（0304，仅2022—2023 年）和干、腌、熏制鱼（0305）等（图 4 - 34）。

	活鱼（0301）	海参、海蜇、海胆及其制品（0308）	贝类、头足类及其制品（0307）	供人类食用的水产品渣粉（0309）	干、腌、熏制鱼（0305）	虾蟹类及其制品（0306）	鲜、冷、冻鱼片及其他鱼肉（0304）	冻鱼（0303）	新鲜或冷藏鱼（0302）
2019年	0.0	0.0	120.2	0.0	−278.9	−1 034.2	1 478.5	−43 585.4	−23 572.6
2020年	0.0	0.0	348.3	0.0	−71.4	−1 721.6	1 422.6	−34 507.7	−13 794.6
2021年	0.0	0.0	0.6	0.0	−262.6	−2 214.5	572.0	−42 847.7	−26 719.8
2022年	0.0	0.0	7.7	−2.1	−246.8	−1 364.0	−177.1	−50 925.1	−36 843.2
2023年	0.0	0.0	−6.1	−23.3	−321.4	−1 654.3	−1 699.3	−36 173.9	−54 143.0

图 4 - 34　2019—2023 年中国与挪威进出口水产品贸易平衡情况

第十节

印 度

印度虽未加入中国"一带一路"倡议，但中印双方的经济合作领域仍在通过金砖国家（BRICS）、上海合作组织（SCO）、亚洲合作对话（ACD）、环印度洋联盟（IORA）等多种渠道不断拓展。在水产品国际贸易领域，中国与印度近年来呈现增长趋势，但贸易平衡和结构存在差异。2019—2023 年，中国与印度之间的水产品贸易以中国自印度进口为主，相比之下，中国对印度的水产品出口量额均微乎其微，出口额分别仅为 99.0 万美元、139.9 万美元、53.3 万美元、1 075.2 万美元、197.2 万美元[①]，总体上，中国对印度的水产品进口额是出口额的 117～1 811 倍，其中进口品种以甲壳类为主。2019—2023 年，中国与印度水产品进出口总额呈先下降后上升再下降的趋势，其中 2020 年受新冠疫情影响进出口总额从 2019 年的 12.3 亿美元减少至 8.4 亿美元，降幅达 31.7%，2021 年起开始逐年恢复，2022 年增加至 12.7 亿美元，2023 年又微减少至 12.6 亿美元，但与 2019 年相比增加了 0.3 亿美元（图 4 - 35）。

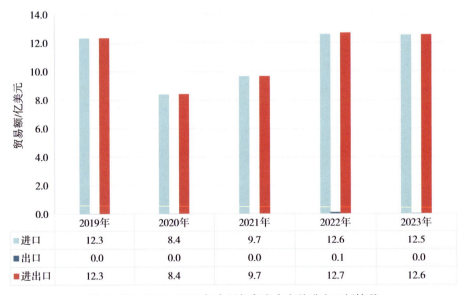

	2019年	2020年	2021年	2022年	2023年
进口	12.3	8.4	9.7	12.6	12.5
出口	0.0	0.0	0.0	0.1	0.0
进出口	12.3	8.4	9.7	12.7	12.6

图 4 - 35 2019—2023 年中国与印度水产品进出口额情况

[①] 注：由于图 4 - 35 进口额和出口额数据相差巨大，出口额不能体现具体数据，此处特别列明。

出口方面，2019—2023 年中国对印度的水产品出口额变化呈先上升再大幅度下降又大幅提升再骤降的波动趋势，但基数都很小，2022 年的出口额最大，也仅 1 075.2 万美元，2023 年出口额又减少至仅 197.2 万美元，不足 2022 年的 1/5。中国出口至印度的水产品品种主要为冻鱼（0303）和虾蟹类及其制品（0306）等（图 4-36）。

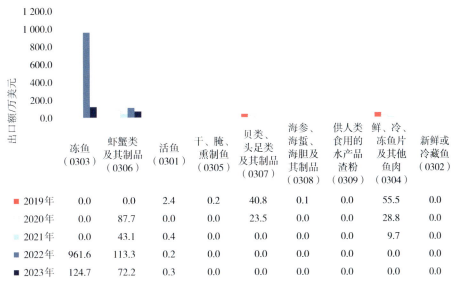

	冻鱼（0303）	虾蟹类及其制品（0306）	活鱼（0301）	干、腌、熏制鱼（0305）	贝类、头足类及其制品（0307）	海参、海蜇、海胆及其制品（0308）	供人类食用的水产品渣粉（0309）	鲜、冷、冻鱼片及其他鱼肉（0304）	新鲜或冷藏鱼（0302）
2019年	0.0	0.0	2.4	0.2	40.8	0.1	0.0	55.5	0.0
2020年	0.0	87.7	0.0	23.5	0.0	0.0	0.0	28.8	0.0
2021年	0.0	43.1	0.4	0.0	0.0	0.0	0.0	9.7	0.0
2022年	961.6	113.3	0.2	0.0	0.0	0.0	0.0	0.0	0.0
2023年	124.7	72.2	0.3	0.0	0.0	0.0	0.0	0.0	0.0

图 4-36 2019—2023 年中国出口至印度不同水产品种类出口额情况

进口方面，2019—2023 年中国对印度的水产品进口额变化趋势与进出口总额变化趋势类似，呈先下降后上升又小幅下降的趋势，2022 年中国自印度进口的水产品总额最高，达 12.6 亿美元，2023 年微减少至 12.5 亿美元。中国自印度进口的水产品品种主要为虾蟹类及其制品（0306）、冻鱼（0303）和贝类、头足类及其制品（0307）等（图 4-37）。

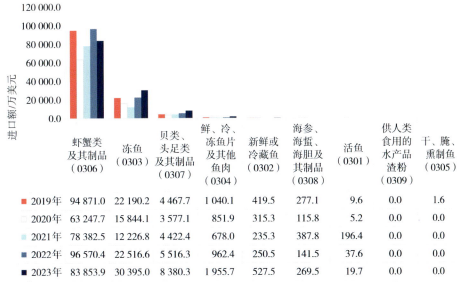

	虾蟹类及其制品（0306）	冻鱼（0303）	贝类、头足类及其制品（0307）	鲜、冷、冻鱼片及其他鱼肉（0304）	新鲜或冷藏鱼（0302）	海参、海蜇、海胆及其制品（0308）	活鱼（0301）	供人类食用的水产品渣粉（0309）	干、腌、熏制鱼（0305）
2019年	94 871.0	22 190.2	4 467.7	1 040.1	419.5	277.1	9.6	0.0	1.6
2020年	63 247.7	15 844.1	3 577.1	851.9	315.3	115.8	5.2	0.0	0.0
2021年	78 382.5	12 226.8	4 422.4	678.0	235.3	387.8	196.4	0.0	0.0
2022年	96 570.4	22 516.6	5 516.3	962.4	250.5	141.5	37.6	0.0	0.0
2023年	83 853.9	30 395.0	8 380.3	1 955.7	527.5	269.5	19.7	0.0	0.0

图 4-37 2019—2023 年中国自印度进口不同水产品种类进口额情况

　　从中国与印度的进出口水产品贸易平衡情况来看，2019—2023 年中国与印度间水产品进出口贸易中无贸易顺差品种；贸易逆差品种主要为虾蟹类及其制品（0306），冻鱼（0303），贝类、头足类及其制品（0307）和鲜、冷、冻鱼片及其他鱼肉（0304）等（图 4 – 38）。

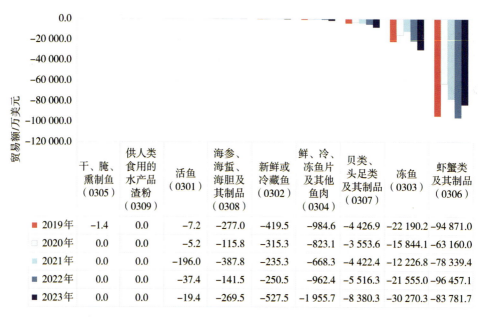

	干、腌、熏制鱼（0305）	供人类食用的水产品渣粉（0309）	活鱼（0301）	海参、海蜇、海胆及其制品（0308）	新鲜或冷藏鱼（0302）	鲜、冷、冻鱼片及其他鱼肉（0304）	贝类、头足类及其制品（0307）	冻鱼（0303）	虾蟹类及其制品（0306）
■ 2019年	-1.4	0.0	-7.2	-277.0	-419.5	-984.6	-4 426.9	-22 190.2	-94 871.0
□ 2020年	0.0	0.0	-5.2	-115.8	-315.3	-823.1	-3 553.6	-15 844.1	-63 160.0
■ 2021年	0.0	0.0	-196.0	-387.8	-235.3	-668.3	-4 422.4	-12 226.8	-78 339.4
■ 2022年	0.0	0.0	-37.4	-141.5	-250.5	-962.4	-5 516.3	-21 555.0	-96 457.1
■ 2023年	0.0	0.0	-19.4	-269.5	-527.5	-1 955.7	-8 380.3	-30 270.3	-83 781.7

图 4 - 38　2019—2023 年中国与印度进出口水产品贸易平衡情况

第十一节

加 拿 大

中国与加拿大的经贸合作一直保持良好的发展势头。中加两国之间的水产品贸易关系日益紧密，据 Trade map 数据库统计，中国已连续 20 年（2004—2023 年）成为加拿大第二大水产品进口来源国，同时，自 2011 年起也一直都是加拿大的第二大水产品出口市场。加拿大也是中国重要的水产品进口来源地之一和重要的出口市场之一。2019—2023 年，中国对加拿大的水产品进出口额呈先下降后上升又微下降的变化趋势。2020 年进出口额下降至最低，为 10.9 亿美元，2021 年起，进出口额开始逐年增加，2022 年达到 15.5 亿美元，为近五年最高，到 2023 年又微减少至 15.4 亿美元，与 2019 年相比增加 0.8 亿美元，增幅达 5.5%（图 4-39）。总体上，中国对加拿大的水产品进口额一直大于出口额，2019—2023 年进口额为出口额的 3～6 倍。

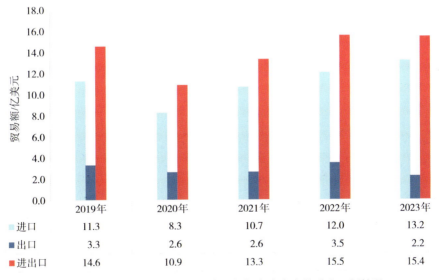

	2019年	2020年	2021年	2022年	2023年
进口	11.3	8.3	10.7	12.0	13.2
出口	3.3	2.6	2.6	3.5	2.2
进出口	14.6	10.9	13.3	15.5	15.4

图 4-39　2019—2023 年中国与加拿大水产品进出口额情况

出口方面，与进出口变化趋势基本一致，2019—2023 年中国出口至加拿大的水产品总额呈先下降后上升再下降的趋势，2022 年中国对加拿大的水产品出口额为五年来最大，达 3.5 亿美元，而 2023 年的出口额为五年来最小，为 2.2 亿美元，同比下降 37.1%，也比 2019 年降低 33.3%。中国出口至加拿大的水产品品种主要为鲜、冷、冻鱼片及其他鱼肉（0304），2022 年出口额最高时约为 2.1 亿美元，其次是贝类、头足类及其制品（0307）和干、腌、熏制鱼（0305）等（图 4 - 40）。

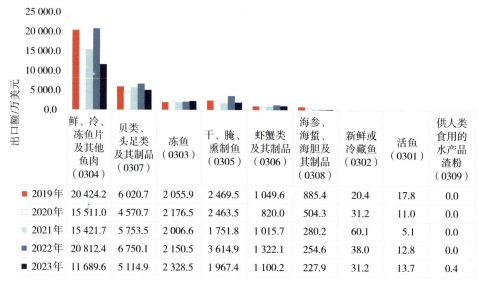

	鲜、冷、冻鱼片及其他鱼肉（0304）	贝类、头足类及其制品（0307）	冻鱼（0303）	干、腌、熏制鱼（0305）	虾蟹类及其制品（0306）	海参、海蜇、海胆及其制品（0308）	新鲜或冷藏鱼（0302）	活鱼（0301）	供人类食用的水产品渣粉（0309）
■ 2019年	20 424.2	6 020.7	2 055.9	2 469.5	1 049.6	885.4	20.4	17.8	0.0
□ 2020年	15 511.0	4 570.7	2 176.5	2 463.5	820.0	504.3	31.2	11.0	0.0
■ 2021年	15 421.7	5 753.5	2 006.6	1 751.8	1 015.7	280.2	60.1	5.1	0.0
■ 2022年	20 812.4	6 750.1	2 150.5	3 614.9	1 322.1	254.6	38.0	12.8	0.0
■ 2023年	11 689.6	5 114.9	2 328.4	1 967.4	1 100.2	227.9	31.2	13.7	0.4

图 4 - 40   2019—2023 年中国出口至加拿大不同水产品种类出口额情况

进口方面，与进出口总额变化趋势有所不同，2019—2023 年中国自加拿大进口的水产品总额呈先下降后上升的趋势。中国自加拿大的水产品进口总额于 2020 年降至最低（8.3 亿美元）后，又逐年递增，2023 年增加至最大，达 13.2 亿美元。中国自加拿大进口的水产品品种主要为虾蟹类及其制品（0306），2023 年进口额约为 10.7 亿美元，其次是冻鱼（0303）和贝类、头足类及其制品（0307）等（图 4 - 41）。

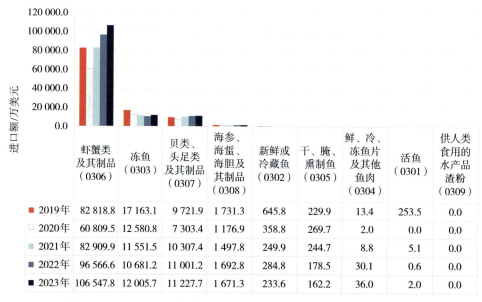

	虾蟹类及其制品（0306）	冻鱼（0303）	贝类、头足类及其制品（0307）	海参、海蜇、海胆及其制品（0308）	新鲜或冷藏鱼（0302）	干、腌、熏制鱼（0305）	鲜、冷、冻鱼片及其他鱼肉（0304）	活鱼（0301）	供人类食用的水产品渣粉（0309）
■ 2019年	82 818.8	17 163.1	9 721.9	1 731.3	645.8	229.9	13.4	253.5	0.0
□ 2020年	60 809.5	12 580.8	7 303.4	1 176.9	358.8	269.7	2.0	0.0	0.0
■ 2021年	82 909.9	11 551.5	10 307.4	1 497.8	249.9	244.7	8.8	5.1	0.0
■ 2022年	96 566.6	10 681.2	11 001.2	1 692.8	284.8	178.5	30.1	0.6	0.0
■ 2023年	106 547.8	12 005.7	11 227.7	1 671.3	233.6	162.2	36.0	2.0	0.0

图 4 - 41   2019—2023 年中国自加拿大进口不同水产品种类进口额情况

从中国与加拿大的进出口水产品贸易平衡情况来看，2019—2023年中国与加拿大间进出口贸易顺差的品种主要为鲜、冷、冻鱼片及其他鱼肉（0304）和干、腌、熏制鱼（0305）等；贸易逆差的品种主要为虾蟹类及其制品（0306）、冻鱼（0303）、贝类、头足类及其制品（0307）、海参、海蜇、海胆等及其制品（0308）和新鲜或冷藏鱼（0302）等（图4-42）。

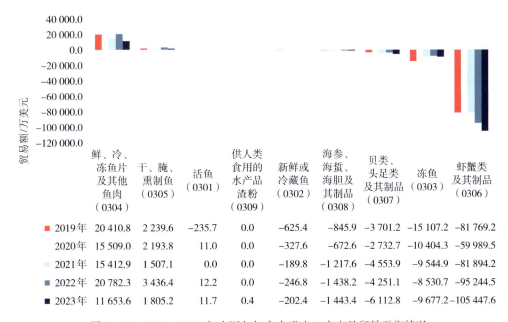

	鲜、冷、冻鱼片及其他鱼肉（0304）	干、腌、熏制鱼（0305）	活鱼（0301）	供人类食用的水产品渣粉（0309）	新鲜或冷藏鱼（0302）	海参、海蜇、海胆及其制品（0308）	贝类、头足类及其制品（0307）	冻鱼（0303）	虾蟹类及其制品（0306）
2019年	20 410.8	2 239.6	−235.7	0.0	−625.4	−845.9	−3 701.2	−15 107.2	−81 769.2
2020年	15 509.0	2 193.8	11.0	0.0	−327.6	−672.6	−2 732.7	−10 404.3	−59 989.5
2021年	15 412.9	1 507.1	0.0	0.0	−189.8	−1 217.6	−4 553.9	−9 544.9	−81 894.2
2022年	20 782.3	3 436.4	12.2	0.0	−246.8	−1 438.2	−4 251.1	−8 530.7	−95 244.5
2023年	11 653.6	1 805.2	11.7	0.4	−202.4	−1 443.4	−6 112.8	−9 677.2	−105 447.6

图4-42　2019—2023年中国与加拿大进出口水产品贸易平衡情况

第十二节

智　利

　　智利是第一个同中国建交的南美洲国家，两国关系一直发展顺利。智利多年来积极参与中国的"一带一路"倡议，并于2023年10月正式签署《中华人民共和国政府与智利共和国政府关于共同推进"一带一路"建设的合作规划》，两国在各领域的合作关系持续深化，水产品进出口贸易发展也呈现出良好态势。渔业是智利的四大国民经济支柱之一，海捕鱼类、贝类和藻类的出口量较高，重要出口市场主要有美国、日本、巴西、中国和俄罗斯等。智利是中国水产品进口的重要来源国之一，向中国出口的水产品主要有鱼类、鱼粉及蟹类等。同时，智利也从中国进口了大量的虾蟹类及其制品、鱼类及贝类、头足类等，中国自2016年起一直是智利的第一大水产品进口来源国。受新冠疫情影响，2019—2023年中国与智利之间的水产品进出口总额呈先下降后上升的趋势。水产品进出口总额由2019年的4.9亿美元减少至2021年的2.2亿美元，为五年来最低，但自2022年起进出口总额迅速增加，2023年的进出口总额已增加至5.2亿美元，比2019年还高0.3亿美元（图4-43）。总体上，中国对智利的水产品出口额远低于进口额。

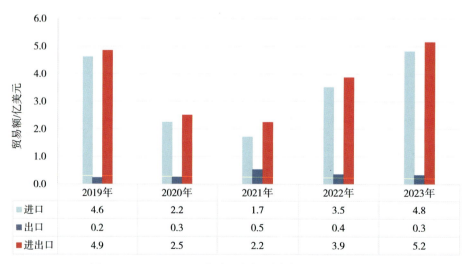

	2019年	2020年	2021年	2022年	2023年
进口	4.6	2.2	1.7	3.5	4.8
出口	0.2	0.3	0.5	0.4	0.3
进出口	4.9	2.5	2.2	3.9	5.2

图4-43　2019—2023年中国与智利水产品进出口额情况

　　出口方面，2019—2023年中国对智利水产品出口额的变化趋势与进出口总额的变化趋势刚好相反，呈先上升后下降的趋势，2021年的出口总额最高，约为0.5亿美元，

2023 年减少至 0.3 亿美元，比 2019 年仅高 0.1 亿美元左右。中国出口至智利的水产品品种主要为虾蟹类及其制品（0306）、鲜、冷、冻鱼片及其他鱼肉（0304）和贝类、头足类及其制品（0307）等（图 4-44）。

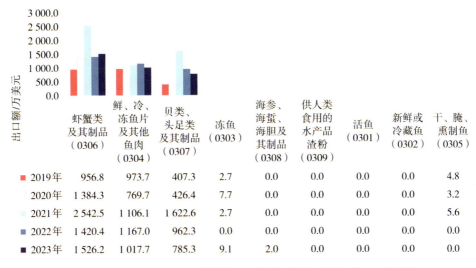

	虾蟹类及其制品（0306）	鲜、冷、冻鱼片及其他鱼肉（0304）	贝类、头足类及其制品（0307）	冻鱼（0303）	海参、海蜇、海胆及其制品（0308）	供人类食用的水产品渣粉（0309）	活鱼（0301）	新鲜或冷藏鱼（0302）	干、腌、熏制鱼（0305）
2019 年	956.8	973.7	407.3	2.7	0.0	0.0	0.0	0.0	4.8
2020 年	1 384.3	769.7	426.4	7.7	0.0	0.0	0.0	0.0	3.2
2021 年	2 542.5	1 106.1	1 622.6	2.7	0.0	0.0	0.0	0.0	5.6
2022 年	1 420.4	1 167.0	962.3	0.0	0.0	0.0	0.0	0.0	
2023 年	1 526.2	1 017.7	785.3	9.1	2.0	0.0	0.0	0.0	

图 4-44　2019—2023 年中国出口至智利不同水产品种类出口额情况

　　进口方面，2019—2023 年中国自智利的水产品进口额呈先下降后上升的趋势，与进出口总额变化趋势一致。2021 年的进口额最低，为 1.7 亿美元，与 2019 年相比减少了 2.9 亿美元。但自 2022 年起，进口额迅速提升，2023 年增加至 4.8 亿美元，同比增长 37.1%，也略高于 2019 年。中国从智利进口的水产品品种主要为新鲜或冷藏鱼（0302）、冻鱼（0303）和虾蟹类及其制品（0306）等（图 4-45）。

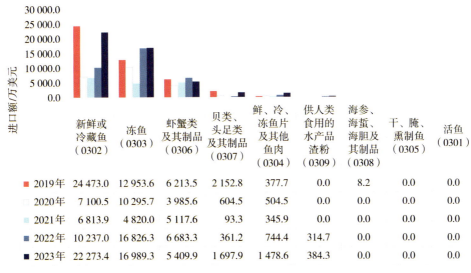

	新鲜或冷藏鱼（0302）	冻鱼（0303）	虾蟹类及其制品（0306）	贝类、头足类及其制品（0307）	鲜、冷、冻鱼片及其他鱼肉（0304）	供人类食用的水产品渣粉（0309）	海参、海蜇、海胆及其制品（0308）	干、腌、熏制鱼（0305）	活鱼（0301）
2019 年	24 473.0	12 953.6	6 213.5	2 152.8	377.7	0.0	8.2	0.0	0.0
2020 年	7 100.5	10 295.7	3 985.6	604.5	504.5	0.0	0.0	0.0	0.0
2021 年	6 813.9	4 820.0	5 117.6	93.3	345.9	0.0	0.0	0.0	0.0
2022 年	10 237.0	16 826.3	6 683.3	361.2	744.4	314.7	0.0	0.0	0.0
2023 年	22 273.4	16 989.3	5 409.9	1 697.9	1 478.6	384.3	0.0	0.0	0.0

图 4-45　2019—2023 年中国自智利进口不同水产品种类进口额情况

中国与智利之间的水产品进出口贸易顺差品种主要为鲜、冷、冻鱼片及其他鱼肉

（0304，2023年除外），贝类、头足类及其制品（0307，2021—2022年）和干、腌、熏制鱼（0305）等；贸易逆差品种主要为新鲜或冷藏鱼（0302），冻鱼（0303）和虾蟹类及其制品（0306）等（图4-46）。

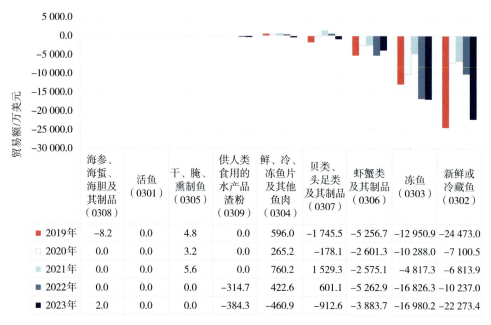

	海参、海蜇、海胆及其制品（0308）	活鱼（0301）	干、腌、熏制鱼（0305）	供人类食用的水产品渣粉（0309）	鲜、冷、冻鱼片及其他鱼肉（0304）	贝类、头足类及其制品（0307）	虾蟹类及其制品（0306）	冻鱼（0303）	新鲜或冷藏鱼（0302）
■ 2019年	-8.2	0.0	4.8	0.0	596.0	-1 745.5	-5 256.7	-12 950.9	-24 473.0
□ 2020年	0.0	0.0	3.2	0.0	265.2	-178.1	-2 601.3	-10 288.0	-7 100.5
▨ 2021年	0.0	0.0	5.6	0.0	760.2	1 529.3	-2 575.1	-4 817.3	-6 813.9
▨ 2022年	0.0	0.0	0.0	-314.7	422.6	601.1	-5 262.9	-16 826.3	-10 237.0
■ 2023年	2.0	0.0	0.0	-384.3	-460.9	-912.6	-3 883.7	-16 980.2	-22 273.4

图4-46 2019—2023年中国与智利进出口水产品贸易平衡情况

第十三节

墨 西 哥

中国与墨西哥的水产品贸易关系较为紧密。中国连续 20 年（2004—2023 年）都是墨西哥的第一大水产品进口来源国，同时，墨西哥也是中国重要的水产品进口国之一。近年来，随着两国经济的不断深入和发展，中墨双方水产品贸易额持续增长。2019—2023 年，中国与墨西哥水产品进出口总额呈先下降后上升的趋势。2019 年进出口总额为 2.7 亿美元，为五年中最高，2020 年减少至 1.9 亿美元，但自 2021 年起逐年回升，2023 年中国与墨西哥水产品进出口总额在全球经济复苏乏力的大环境下恢复至 2.5 亿美元，略低于 2019 年（图 4 - 47）。总体上，中国对墨西哥的水产品进口额明显高于出口额，2019—2023 年进口额是出口额的 3～7 倍。

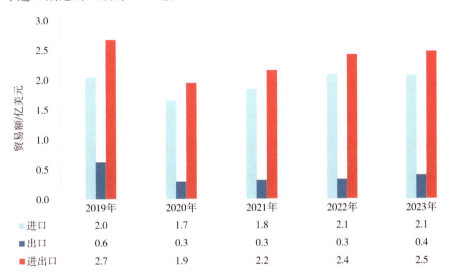

	2019年	2020年	2021年	2022年	2023年
进口	2.0	1.7	1.8	2.1	2.1
出口	0.6	0.3	0.3	0.3	0.4
进出口	2.7	1.9	2.2	2.4	2.5

图 4 - 47　2019—2023 年中国与墨西哥水产品进出口额情况

出口方面，2019—2023 年中国对墨西哥水产品出口额的变化趋势为先下降后上升，变化趋势与进出口总额一致。2023 年出口额约为 0.4 亿美元，相比 2019 年减少了 0.2 亿美元左右。中国对墨西哥出口的水产品品种主要为贝类、头足类及其制品（0307），鲜、冷、冻鱼片及其他鱼肉（0304）和冻鱼（0303）等（图 4 - 48）。

进口方面，2019—2023 年中国自墨西哥进口水产品总额的变化情况与进出口总额变化趋势一致，先下降后上升。2023 年进口额约为 2.1 亿美元，基本与 2022 年持平，略高

图 4-48　2019—2023 年中国出口至墨西哥不同水产品种类出口额情况

	贝类、头足类及其制品（0307）	鲜、冷、冻鱼片及其他鱼肉（0304）	冻鱼（0303）	虾蟹类及其制品（0306）	干、腌、熏制鱼（0305）	活鱼（0301）	新鲜或冷藏鱼（0302）	海参、海蜇、海胆及其制品（0308）	供人类食用的水产品渣粉（0309）
■ 2019年	2 363.6	2 691.4	1 056.4	81.8	30.4	0.0	0.0	0.0	0.0
□ 2020年	1 162.6	1 155.9	473.7	70.2	34.5	0.0	0.0	0.0	0.0
2021年	1 723.2	922.9	263.6	200.3	7.1	0.0	0.0	0.0	0.0
■ 2022年	2 011.7	989.0	228.6	0.0	32.9	0.0	0.0	0.0	0.0
■ 2023年	1 714.0	1 378.1	826.5	34.9	18.0	0.0	0.0	0.0	0.0

于 2019 年。中国从墨西哥进口的水产品品种主要为虾蟹类及其制品（0306），2023 年进口额约 1.3 亿美元，其次是贝类、头足类及其制品（0307），此外还有海参、海蜇、海胆等及其制品（0308）和冻鱼（0303）等（图 4-49）。

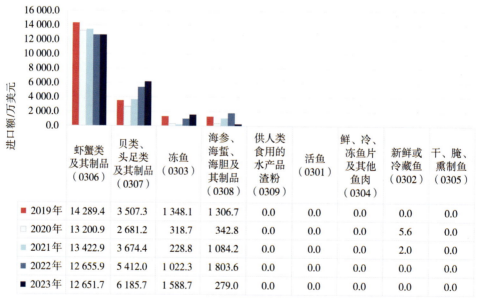

图 4-49　2019—2023 年中国自墨西哥进口不同水产品种类进口额情况

	虾蟹类及其制品（0306）	贝类、头足类及其制品（0307）	冻鱼（0303）	海参、海蜇、海胆及其制品（0308）	供人类食用的水产品渣粉（0309）	活鱼（0301）	鲜、冷、冻鱼片及其他鱼肉（0304）	新鲜或冷藏鱼（0302）	干、腌、熏制鱼（0305）
■ 2019年	14 289.4	3 507.3	1 348.1	1 306.7	0.0	0.0	0.0	0.0	0.0
□ 2020年	13 200.9	2 681.2	318.7	342.8	0.0	0.0	0.0	5.6	0.0
2021年	13 422.9	3 674.4	228.8	1 084.2	0.0	0.0	0.0	2.0	0.0
■ 2022年	12 655.9	5 412.0	1 022.3	1 803.6	0.0	0.0	0.0	0.0	0.0
■ 2023年	12 651.7	6 185.7	1 588.7	279.0	0.0	0.0	0.0	0.0	0.0

中国与墨西哥间的水产品进出口贸易顺差品种主要为鲜、冷、冻鱼片及其他鱼肉（0304）和干、腌、熏制鱼（0305）等；水产品贸易逆差品种主要为虾蟹类及其制品（0306），贝类、头足类及其制品（0307），海参、海蜇、海胆等及其制品（0308）和冻鱼（0303，2020—2021 年除外）等（图 4-50）。

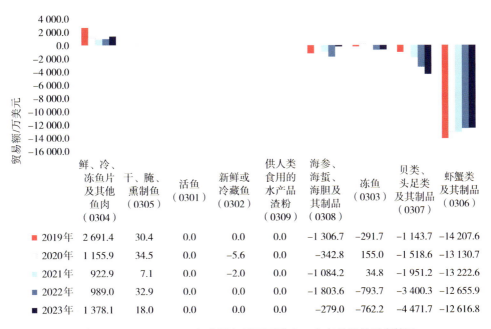

	鲜、冷、冻鱼片及其他鱼肉（0304）	干、腌、熏制鱼（0305）	活鱼（0301）	新鲜或冷藏鱼（0302）	供人类食用的水产品渣粉（0309）	海参、海蜇、海胆及其制品（0308）	冻鱼（0303）	贝类、头足类及其制品（0307）	虾蟹类及其制品（0306）
2019年	2 691.4	30.4	0.0	0.0	0.0	−1 306.7	−291.7	−1 143.7	−14 207.6
2020年	1 155.9	34.5	0.0	−5.6	0.0	−342.8	155.0	−1 518.6	−13 130.7
2021年	922.9	7.1	0.0	−2.0	0.0	−1 084.2	34.8	−1 951.2	−13 222.6
2022年	989.0	32.9	0.0	0.0	0.0	−1 803.6	−793.7	−3 400.3	−12 655.9
2023年	1 378.1	18.0	0.0	0.0	0.0	−279.0	−762.2	−4 471.7	−12 616.8

图 4-50　2019—2023 年中国与墨西哥进出口水产品贸易平衡情况

第十四节

澳大利亚

中国与澳大利亚间的水产品进出口贸易具有较好的基础，但受新冠疫情、澳大利亚市场需求萎缩及澳大利亚与越南等国签署的贸易协定（部分产品出口至澳大利亚零关税）等多重因素综合作用，目前中国与澳大利亚进出口贸易规模逐年降低。2020年开始，澳大利亚从越南和新西兰进口的水产品大幅增加，导致中国不再是澳大利亚最大的水产品进口来源国。但自2019年以来，中国仍是澳大利亚最大的出口市场。总体上，2019—2023年中国与澳大利亚水产品进出口总额呈大幅下降趋势，其中2019—2021年下降速度最快，由8.5亿美元快速减少到3.4亿美元，2022—2023年进出口总额虽比2021年有所提升，但增幅微弱，仅比2021年分别增加了0.2亿美元和0.3亿美元左右（图4-51）。相比之下，中国对澳大利亚的水产品进口额明显高于出口额，2019—2023年进口额是出口额的2～5倍。

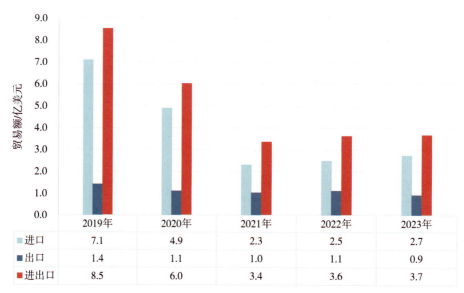

	2019年	2020年	2021年	2022年	2023年
进口	7.1	4.9	2.3	2.5	2.7
出口	1.4	1.1	1.0	1.1	0.9
进出口	8.5	6.0	3.4	3.6	3.7

图4-51　2019—2023年中国与澳大利亚水产品进出口额情况

出口方面，2019—2023年中国对澳大利亚的水产品出口额变化总体呈下降趋势，与进出口总额变化趋势基本一致，其中2019—2020年降幅相对较大，2021—2022年基本持平，变化微弱，2023年又小幅减少至0.9亿美元左右。中国出口至澳大利亚的水产品品种主要为贝类、头足类及其制品（0307）、冻鱼（0303），鲜、冷、冻鱼片及其他鱼肉（0304）和虾蟹类及其制品（0306）等（图4-52）。

	贝类、头足类及其制品（0307）	冻鱼（0303）	鲜、冷、冻鱼片及其他鱼肉（0304）	虾蟹类及其制品（0306）	海参、海蜇、海胆及其制品（0308）	干、腌、熏制鱼（0305）	活鱼（0301）	供人类食用的水产品渣粉（0309）	新鲜或冷藏鱼（0302）
2019年	7 880.5	1 855.0	1 840.8	2 441.3	143.2	20.1	24.6	0.0	0.0
2020年	5 982.7	2 095.0	1 168.6	1 774.4	65.8	37.6	17.7	0.0	0.0
2021年	6 580.1	1 974.4	1 155.4	541.1	22.3	75.9	24.4	0.0	0.0
2022年	8 092.8	976.5	1 430.3	577.6	68.7	67.7	9.9	0.0	0.0
2023年	6 126.0	1 314.3	1 243.5	556.6	53.2	22.6	13.1	0.0	0.0

图4-52　2019—2023年中国出口至澳大利亚不同水产品种类出口额情况

进口方面，2019—2023年中国对澳大利亚的水产品进口额变化总体呈下降趋势，与进出口总额变化趋势保持一致，其中2019—2021年进口额降幅较大，从7.1亿美元快速减少至2.3亿美元，2022—2023年进口额虽有所回升，但增幅微弱，分别比2021年增加了0.2亿美元和0.4亿美元。中国从澳大利亚进口的水产品品种主要为虾蟹类及其制品（0306，特别是2019—2020年）、新鲜或冷藏鱼（0302）、贝类、头足类及其制品（0307）和冻鱼（0303）等（图4-53）。

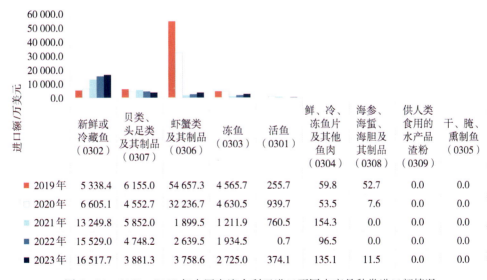

	新鲜或冷藏鱼（0302）	贝类、头足类及其制品（0307）	虾蟹类及其制品（0306）	冻鱼（0303）	活鱼（0301）	鲜、冷、冻鱼片及其他鱼肉（0304）	海参、海蜇、海胆及其制品（0308）	供人类食用的水产品渣粉（0309）	干、腌、熏制鱼（0305）
2019年	5 338.4	6 155.0	54 657.3	4 565.7	255.7	59.8	52.7	0.0	0.0
2020年	6 605.1	4 552.7	32 236.7	4 630.5	939.7	53.5	7.6	0.0	0.0
2021年	13 249.8	5 852.0	1 899.5	1 211.9	760.5	154.3	0.0	0.0	0.0
2022年	15 529.0	4 748.2	2 639.5	1 934.5	0.7	96.5	0.0	0.0	0.0
2023年	16 517.7	3 881.3	3 758.6	2 725.0	374.1	135.1	11.5	0.0	0.0

图4-53　2019—2023年中国自澳大利亚进口不同水产品种类进口额情况

中国与澳大利亚间的水产品进出口贸易顺差品种主要为贝类、头足类及其制品

（0307）和鲜、冷、冻鱼片及其他鱼肉（0304）等；水产品进出口贸易逆差品种主要为新鲜或冷藏鱼（0302），虾蟹类及其制品（0306，尤其是 2019—2020 年）和冻鱼（0303，2021 年除外）等（图 4 - 54）。

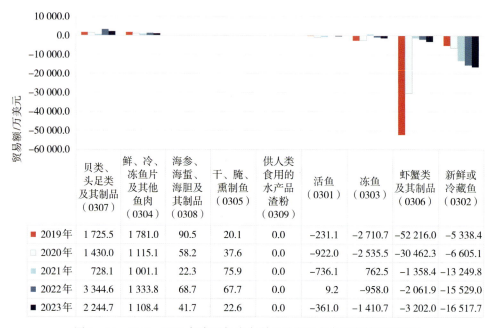

	贝类、头足类及其制品（0307）	鲜、冷、冻鱼片及其他鱼肉（0304）	海参、海蜇、海胆及其制品（0308）	干、腌、熏制鱼（0305）	供人类食用的水产品渣粉（0309）	活鱼（0301）	冻鱼（0303）	虾蟹类及其制品（0306）	新鲜或冷藏鱼（0302）
■ 2019年	1 725.5	1 781.0	90.5	20.1	0.0	−231.1	−2 710.7	−52 216.0	−5 338.4
□ 2020年	1 430.0	1 115.1	58.2	37.6	0.0	−922.0	−2 535.5	−30 462.3	−6 605.1
■ 2021年	728.1	1 001.1	22.3	75.9	0.0	−736.1	762.5	−1 358.4	−13 249.8
■ 2022年	3 344.6	1 333.8	68.7	67.7	0.0	9.2	−958.0	−2 061.9	−15 529.0
■ 2023年	2 244.7	1 108.4	41.7	22.6	0.0	−361.0	−1 410.7	−3 202.0	−16 517.7

图 4 - 54　2019—2023 年中国与澳大利亚进出口水产品贸易平衡情况

第十五节

新 西 兰

　　自1972年两国建交以来，中新经贸关系保持稳定、健康发展。2017年3月，中新签署关于加强"一带一路"倡议合作的安排备忘录，新西兰成为首个同中国签署类似合作文件的西方发达国家，成为中国"一带一路"建设规划的成员之一。中新双边经贸合作关系得到不断发展。在水产品贸易领域，自2011年起，中国成为新西兰第一大水产品出口市场。新西兰主要向中国出口海水鱼、龙虾和贝类等水产品。同时，自2013年起，中国一直是新西兰的第一大进口来源国。中国向新西兰输出的水产品以加工水产品为主，贝类及冷冻鱼类出口量最大，其次是鲜活和冰鲜鱼类及贝类制品等。2019—2023年，中国与新西兰的水产品进出口总额保持在4.5亿~5.3亿美元，整体上在维稳中有所波动。2020年，受新冠疫情影响，进出口总额由2019年的5.0亿美元小幅减少至4.5亿美元，2021—2022年进出口总额逐渐回升，2022年增加至最大，达5.3亿美元，2023年又小幅减少至4.7亿美元，与2019年相比减少了0.3亿美元（图4-55）。相比之下，中国对新西兰的水产品进口额远高于出口额。

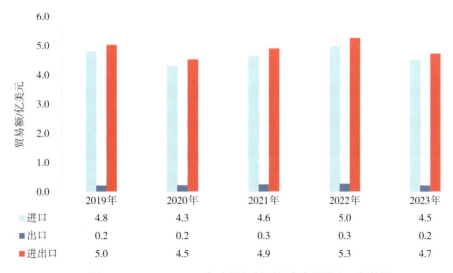

	2019年	2020年	2021年	2022年	2023年
进口	4.8	4.3	4.6	5.0	4.5
出口	0.2	0.2	0.3	0.3	0.2
进出口	5.0	4.5	4.9	5.3	4.7

图4-55　2019—2023年中国与新西兰水产品进出口额情况

　　出口方面，2019—2023年中国对新西兰的水产品出口额维持在0.2亿~0.3亿美元，变化较为平缓。中国对新西兰出口的水产品品种主要为贝类、头足类及其制品（0307），鲜、冷、冻鱼片及其他鱼肉（0304），冻鱼（0303）和虾蟹类及其制品（0306）等（图 4-56）。

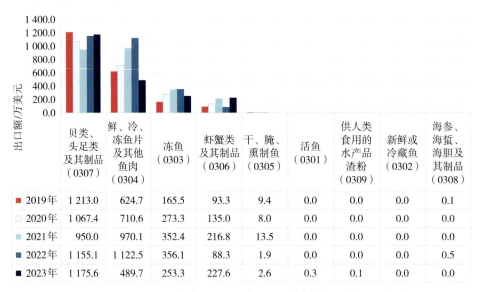

出口额/万美元	贝类、头足类及其制品（0307）	鲜、冷、冻鱼片及其他鱼肉（0304）	冻鱼（0303）	虾蟹类及其制品（0306）	干、腌、熏制鱼（0305）	活鱼（0301）	供人类食用的水产品渣粉（0309）	新鲜或冷藏鱼（0302）	海参、海蜇、海胆及其制品（0308）
■ 2019年	1 213.0	624.7	165.5	93.3	9.4	0.0	0.0	0.0	0.1
□ 2020年	1 067.4	710.6	273.3	135.0	8.0	0.0	0.0	0.0	0.0
■ 2021年	950.0	970.1	352.4	216.8	13.5	0.0	0.0	0.0	0.0
■ 2022年	1 155.1	1 122.5	356.1	88.3	1.9	0.0	0.0	0.0	0.5
■ 2023年	1 175.6	489.7	253.3	227.6	2.6	0.3	0.1	0.0	0.0

图 4-56   2019—2023 年中国出口至新西兰不同水产品种类出口额情况

　　进口方面，与进出口总额变化趋势基本一致，2019—2023 年中国对新西兰的水产品进口额保持在 4.3 亿～5.0 亿美元，变化幅度较小，其中 2022 年进口额最大，为 5.0 亿美元，2023 年小幅减少至 4.5 亿美元，比 2019 年减少了 0.3 亿美元。中国自新西兰进口的水产品品种主要为虾蟹类及其制品（0306），冻鱼（0303）和贝类、头足类及其制品（0307）等（图 4-57）。

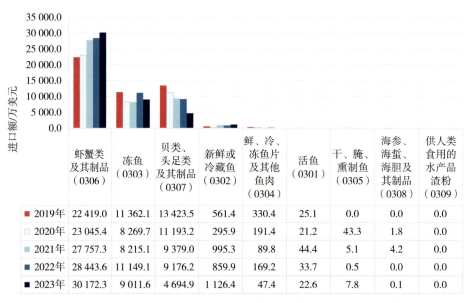

进口额/万美元	虾蟹类及其制品（0306）	冻鱼（0303）	贝类、头足类及其制品（0307）	新鲜或冷藏鱼（0302）	鲜、冷、冻鱼片及其他鱼肉（0304）	活鱼（0301）	干、腌、熏制鱼（0305）	海参、海蜇、海胆及其制品（0308）	供人类食用的水产品渣粉（0309）
■ 2019年	22 419.0	11 362.1	13 423.5	561.4	330.4	25.1	0.0	0.0	0.0
□ 2020年	23 045.4	8 269.7	11 193.2	295.9	191.4	21.2	43.3	1.8	0.0
■ 2021年	27 757.3	8 215.1	9 379.0	995.3	89.8	44.4	5.1	4.2	0.0
■ 2022年	28 443.6	11 149.1	9 176.2	859.9	169.2	33.7	0.5	0.0	0.0
■ 2023年	30 172.3	9 011.6	4 694.9	1 126.4	47.4	22.6	7.8	0.1	0.0

图 4-57   2019—2023 年中国自新西兰进口不同水产品种类进口额情况

　　中国与新西兰间的水产品进出口贸易顺差品种主要为鲜、冷、冻鱼片及其他鱼肉
（0304）等；贸易逆差品种主要为虾蟹类及其制品（0306），冻鱼（0303），贝类、头足类
及其制品（0307）和新鲜或冷藏鱼（0302）等（图 4 - 58）。

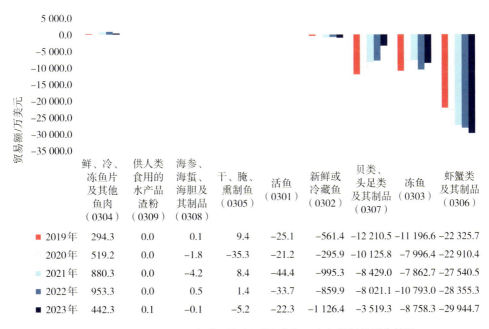

	鲜、冷、冻鱼片及其他鱼肉（0304）	供人类食用的水产品渣粉（0309）	海参、海蜇、海胆及其制品（0308）	干、腌、熏制鱼（0305）	活鱼（0301）	新鲜或冷藏鱼（0302）	贝类、头足类及其制品（0307）	冻鱼（0303）	虾蟹类及其制品（0306）
■ 2019年	294.3	0.0	0.1	9.4	−25.1	−561.4	−12 210.5	−11 196.6	−22 325.7
□ 2020年	519.2	0.0	−1.8	−35.3	−21.2	−295.9	−10 125.8	−7 996.4	−22 910.4
■ 2021年	880.3	0.0	−4.2	8.4	−44.4	−995.3	−8 429.0	−7 862.7	−27 540.5
■ 2022年	953.3	0.0	0.5	1.4	−33.7	−859.9	−8 021.1	−10 793.0	−28 355.3
■ 2023年	442.3	0.1	−0.1	−5.2	−22.3	−1 126.4	−3 519.3	−8 758.3	−29 944.7

图 4 - 58　2019—2023 年中国与新西兰进出口水产品贸易平衡情况

CHAPTER 5 | 第五章

贸易法规与检验检疫政策

近年来，食品安全既是社会关注的焦点，也是世界各国面对的重大公共安全问题，无论是发达国家还是发展中国家，都在应对食品安全问题时遇到了很大挑战，食品安全问题越来越引起世界各国政府、行业组织、企业及消费者的重视。世界许多国家，特别是发达国家都在加强食品安全法律法规的制定及修订力度，不断优化其食品安全监管体系。例如，美国 2011 年出台了《食品安全现代化法（*Food Safety Modernization Act*，FSMA）》，对其食品安全管理的基础性法律《联邦食品、药品和化妆品法》进行大幅度修订；新西兰 2014 年出台《食品法案》，引入了大量现代食品安全管理理念等。

随着世界经济的发展，人民生活水平不断提高，水产品进出口贸易额和消费量不断增长，进出口水产品安全卫生质量、检验检疫与卫生控制在全球得到普遍重视。世界卫生组织（WHO）和联合国粮农组织（FAO）以及世界各国相继加强了水产品安全工作，包括机构设置、强化或调整政策法规、监督管理和科技投入。近年来，各国政府纷纷采取措施，建立和完善水产品法律法规、标准和操作规范，规范其进出口水产品贸易管理工作。新形势发展要求中国经济发展领域尽快符合国际通行规则，加快水产品质量安全知识的普及与推广工作，更好地促进进出口水产业全面健康发展。

第一节

欧　　盟

欧盟是全球最大的食品进口和消费市场之一，对食品安全非常重视，具有较完整的食品安全法规体系，涵盖了"从农田到餐桌"的整个食物链，在初级生产、生产加工卫生、产品的安全卫生标准、官方管理等领域制定了独立的法律法规，同时制定了指南文件指导官方监管人员、企业和消费者正确执行和理解法律法规要求，法律将行政管理和技术要求相融合，具有较强的时效性和操作性。作为全球重要的水产品消费市场，欧盟水产品进口额在全球水产品进口市场中长期高居首位，欧盟是中国水产品的主要出口目的地之一。欧盟对进口水产品监管严格，制定了从海捕（养殖）原料到消费者餐桌全过程质量和卫生管理规范，以确保最终产品安全。

一、食品安全管理机构

欧盟实行立法、司法和行政三权分立的管理架构，其中立法机构通过立法程序制定食品安全管理法律，行政执法机构根据法律授权制定具体实施的食品安全监管法规和规章。欧盟有两个立法机构，分别代表不同阶层利益行使立法权，具体负责食品安全监管的机构是欧盟委员会的健康和食品安全总司，具体情况如下。

（一）立法机构

1. 欧洲议会

欧洲议会（The European Parliament）由欧盟居民直接选举组成，议会直接代表欧盟全体居民的利益。选举每五年举行一次。议会不以国家划分席位，705 个席位由经选举产生的横跨欧洲的 7 个政治团体和 1 个非政治团体的人员分别组成。

2. 欧盟理事会

欧盟理事会（Council of the European Union）由欧盟各成员国部长组成，因此又称"部长理事会"，代表欧盟各成员国的利益行使立法权，理事会实行轮值主席国制，每个国家任期半年。理事会成员不固定，每次会议由成员国派相关议题的主管部长参加。

（二）行政机构

1. 最高行政管理机构

欧盟委员会（European Commission）是欧盟的最高行政管理机构，负责具体执行欧盟法律，同时根据法律授权可以制定具体实施的行政法规。

2. 食品安全管理机构

具体负责食品安全的管理机构是健康和食品安全总司，原名为健康和消费者保护总司；健康和食品安全总司内设健康、食品审核和分析司，具体负责对各成员国的监督检查，确保欧盟法规在所有的成员国中及向欧盟出口相关食品的国家中能够有效实施。

健康和食品安全总司的主要职责包括：①"从农场到餐桌"食品链全过程的管理；②生物和化学风险的管理；③残留、食品饲料添加剂、接触材料的管理；④植物健康和植物保护产品的管理；⑤动物健康和福利、动物饲料安全的管理；⑥食品标签的管理；⑦成员国和第三国食品法规的检查和监控；⑧快速预警系统和风险管理以及代表欧盟履行国际卫生和食品安全事务等。

健康、食品审核和分析司是健康和食品安全总司的内设机构，机构调整后由原来的食品兽医办公室（Food and Veterinary Office，FVO）更名而来，负责监督欧盟政策的执行。主要任务是监控成员国和第三国是否遵守欧盟的兽医、植物卫生和食品卫生法律。核查范围包括：检查成员国动物源食品的监控系统，化学品使用（兽药、生长激素、农药）和进口产品；流行病（如猪瘟）；动物运输、屠宰等；水果和蔬菜的农药残留；转基因产品等。

（三）风险评估机构

欧洲食品安全局是在欧盟层面成立的风险评估和科学研究机构。欧盟立法机构和欧盟委员会在提出立法建议时，需要在实施风险分析的基础上合理制定相关的法律法规，欧洲食品安全局具体实施风险评估，并提出科学建议，为立法工作提供技术支撑。科学工作组具体实施风险评估，主要包括食品添加剂和营养物质工作组，饲料添加剂工作组，植物保护产品（农药等）及其残留工作组，转基因物质工作组，减肥产品、营养物质和过敏原工作组，生物危害工作组，污染物工作组，动物健康和福利工作组，植物健康工作组，食品接触材料、酶制剂、调味品和加工助剂工作组。科学工作组和另外6名独立的专家共同组成的科学委员会，具体负责风险评估和科学研究的组织协调工作。

二、贸易法规

欧盟食品安全法规是欧盟对食品及农业产品的生产、进口、销售、使用等方面制定的法律法规和标准。这些法规的制定旨在保证食品的安全和质量，保护消费者的权益，促进食品市场的良好运作。

（一）欧盟食品安全法律法规体系

在欧盟层面上食品安全法律体系分为两个层级：第一层是由立法机构通过的法律文件，称为法律；第二层是由欧盟委员会（行政执行机构）根据法律授权制定的法律文件，称为法规，主要包括实施条例和实施细则。实施条例是对法律进一步地说明和补充，实施细则是根据法律某项具体的要求制定的具体执行条款。同时在欧盟层面、成员国层面和协会组织层面分别制定了各种具有指导作用的指南和建议，指导企业或官方监管部门深入理解相关法律法规，确保相关工作符合法律法规要求。

无论是欧盟法律还是欧盟法规都有下列三种表达形式：规章、指令、决议。规章是直接适用于各成员国，无须转化为本国的法律或法规要求；指令即各成员国需将指令的要求转化为本国的法律或法规要求；决议是针对具体的事项制定的法律或法规。

（二）主要食品安全管理法律法规

1. 食品安全基本法

欧盟食品安全基本法是 178/2002/EC《食品法的基本原则和要求、欧洲食品安全局及有关食品安全程序》，食品安全基本法包括三项基本内容：一是制定食品安全法律法规时应遵循的基本原则和要求，二是成立了行使风险评估和科学研究职能的食品安全局，三是规定了与食品安全有关的快速预警机制、危机管理机制和应急处理机制三项工作机制。

（1）制定食品安全法律法规时应遵循的原则

一是遵守 WTO/SPS 规定的义务。如果有国际标准，应优先考虑采用国际标准；如果没有国际标准，或认为国际标准达不到预期的保护水平，则可以在风险评估的基础上制定相关管理要求，且如果识别出了健康危害，但科学依据不够充分，可以制定临时实施的预防性措施，预防措施应与危害相适应，不能对贸易造成影响，在合理的时限内必须对预防措施实施评估。二是保护消费者利益，防止欺诈、误导消费者。三是透明度原则。四是从欧盟出口的食品或饲料应符合欧盟的食品安全法规要求，除非进口国另有要求或双边协议另有规定。五是积极参与国际标准的制定，促进等效性认可，关注发展中国家的贸易需求，确保国际标准不会对发展中国家造成不必要的障碍等工作。

（2）制定食品安全法律法规的基本要求

法律法规应规定食品不安全的情况，规定不安全的食品不能销售，规定检出不合格后应判定整批不合格（也可以对同批剩余产品进行详细评估后确定是否合格）；规定标签、宣传不能误导；规定企业和官方职责，企业是食品或饲料安全的第一责任人，官方应实施监督管理确保企业符合安全要求；规定产品应具有可追溯性。

（3）三项与食品安全有关的工作机制

一是快速预警机制：收集风险信息。二是应急处理机制：应急处理一般在 10 个工作日内进行确认、修订、取消或延期。三是危机管理机制。

2. 食品卫生要求

852/2004/EC《食品卫生要求》规定了所有食品生产企业应该符合的卫生要求，包括厂区、车间、设备设施、生产用水、包装运输等要求，同时规定生产企业是食品安全的第一责任人，食品生产企业应制定实施基于危害分析及关键控制点（HACCP）原理的食品安全管理体系；明确了政府、食品企业与主管部门的关系，即政府负责制定食品安全的法律法规和标准，食品企业按照法律法规和标准的要求进行生产、加工、运输、储运、销售等运营活动，主管部门负责监督食品企业是否按照法律法规和标准的要求进行生产、加工、运输、储运、销售等运营活动。

3. 动物源性食品特殊卫生要求

853/2004/EC《动物源性食品特殊卫生要求》规定了动物源性食品生产企业应符合的特殊要求，包括包装标识、检疫合格章的使用、食品链信息、肉蛋奶等不同动物源性产品应符合的具体安全卫生要求等；规定了动物源性产品的定义。

853/2004/EC 的附件Ⅲ第Ⅷ部分规定了对水产品的要求，包括对船只的要求、对卸货时及卸货后的要求、对水产品加工厂（包括船只）的要求、对已加工水产品的要求、对水产品卫生标准的要求以及对水产品的内包装和外包装、运输和储存的要求。

三、检验检疫政策

欧盟涉及水产品检验检疫的政策要求主要包括：食品安全卫生要求、官方管理要求、水产品准入及企业注册要求、证书要求、针对具体国家制定的特殊保护措施等。

（一）食品安全卫生要求

1. 兽药残留

（EU）37/2010《动物源性食品中兽药残留限量》，附件中规定了禁止在动物中使用的兽药和制定了残留限量要求的兽药名单。

96/22/EC《禁止在动物养殖中使用激素、促甲状腺素和β-激动剂》规定了禁止在动物养殖中使用的激素类的兽药。

2002/657/EC《执行 96/23/EC 时的检测方法和检测结果说明》规定了实验室检测方法的评估要求，2021 年由（EU）2021/808 取代，该法规部分条款将适用至 2026 年。

（EU）2019/1871《在动物源性食品中关于禁用药物的检测限值》规定了输欧动物源性食品氯霉素、硝基呋喃代谢物及孔雀石绿的检测限值要求。

2. 污染物

315/93/EEC《食品中污染物管理程序》和（EU）2023/915《关于食品中某些污染物最高含量的条例》规定了食品中污染物的限量。

3. 微生物

2073/2005/EC《食品微生物标准》规定了食品成品的微生物标准及验证生产加工过程中卫生是否符合要求的微生物标准。

4. 食品添加剂

食品添加剂法规包括 1331/2008/EC《食品添加剂、酶制剂、色素批准程序》、1332/2008/EC《食品酶制剂》、1333/2008/EC《食品添加剂》、1334/2008/EC《食品调味剂》、2065/2003/EC《食品烟熏调味》、1925/2006/EC《食品中添加维生素、矿物质的统一要求》，欧盟还针对食品添加剂建立了数据库。

（二）官方管理要求

官方监管的基本法（EU）2017/625《关于食品和饲料法、动物健康和福利条件、植物健康和植物保护的官方控制和其他官方活动》，主要内容包括成员国食品安全主管部门要求和监管要求、欧盟层面的监督管理要求、参考实验室要求等。

（EU）2019/627《动物源性食品官方监管统一要求》是关于对动物源性食品官方监管的统一要求，其中第六章是对水产品的监管要求。

（三）水产品准入及企业注册要求

1. 水产品准入

欧盟根据动物卫生风险和公共卫生风险来确定准入国家和产品名单。一是根据动物卫生风险确定国家名单。欧盟（EU）2021/404《允许向欧盟出口动物、繁殖材料及动物产品的第三国或地区名单》规定了能够消除动物疫病风险，可以向欧盟出口相关动物产品的国家名单。二是根据公共卫生风险确定的国家名单。欧盟（EU）2021/405《允许向欧盟出口供人类消费用动物及相关产品的第三国家或地区名单》。欧盟（EU）2022/2292《关于动物源食品及供人类消费用货物进入欧盟的要求》，规定出口国（地区）主管部门需实施残留监控计划，对食品中农兽药残留和环境污染物实施监测。欧盟（EU）2022/2293《向欧盟出口动物源性食品国家残留监控计划批准名单》法规列明国家残留监控计划获得批准的国家名单。

综合以上法规，中国可向欧盟出口水产品，但不包括双壳贝类、棘皮类、被囊类及海洋腹足纲动物。根据（EU）2021/405第十二条，完全去除内脏和生殖腺供人类消费用的扇贝科的闭壳肌（非水产养殖），即使未列入第三国名单也可以输欧，这意味着中国非水产养殖的扇贝柱可以出口欧盟。

2. 企业注册

欧盟法规853/2004/EC列明的食品种类需要实施欧盟企业注册管理，欧盟在官方网站上公布允许向欧盟出口相关动物源性食品的注册企业名单。中国向欧盟出口水产品的生产企业、冷藏渔船、冷库等需在欧盟进行注册。

（四）证书要求

欧盟制定了（EU）2021/403《输欧动物源性产品证书要求》、（EU）2020/2235《输欧动物源性产品兽医卫生证书要求》和（EU）2020/2236《输欧水生动物证书要求》，分别对陆生动物及其制品、水生动物及其制品和动物源性食品制定了出口欧盟应随附的兽医卫生证书模板。

（五）针对具体国家制定的特殊保护措施

欧盟根据风险评估针对不同的出口国家制定特殊的保护措施，其中欧盟制定了2002/994/EC《针对中国输欧动物源性食品采取的保护措施》，要求中国生产的养殖水产品等动物源性产品在出口前官方主管部门必须检测氯霉素、硝基呋喃及其代谢物，养殖水产品还需检测孔雀石绿、结晶紫及其代谢物。

第二节

美　　国

美国政府对食品安全问题十分重视，建立了较为科学、全面和系统的食品安全管理体系。美国宪法中规定国家食品安全管理体系由政府的执法、立法和司法三个部门负责。为了保证供给食品的安全，国会发布立法部门制定的法规，委托执法部门强行执法或修订法规从而贯彻和实施法规，司法部门对强制执法行动、监管工作或一些政策法规产生的争端给出公正的裁决。美国食品安全体系的特点包括三权的鼎立、透明、以科学为基础的决策及公众的广泛参与。美国的食品安全体系，以强有力的、灵活的、科学的联邦和州的法律为基础，同时赋予食品企业根据行业法律生产安全的食品的责任。联邦、州和地方政府在食品安全方面，包括规定食品及食品的加工设施方面，发挥着互相补充、相互依靠的作用。美国食品安全政策及决策制定所遵循的原则是重视预防和以科学为基础的风险分析。美国食品安全法律、法规及政策都充分考虑了风险，并采取了相应的预防措施。

美国是中国第二大食品出口国。近年来，食品生产技术以及食品供应全球化的不断发展给美国的食品安全工作带来了许多新的挑战。美国致力于完善法规和标准体系，以规范企业的生产和政府对企业的检查，保证美国食品安全。美国对水产品质量安全管理非常重视，通过实施一系列严格的法规和标准，确保上市水产品的质量安全。例如，所有上市的鱼类和贝类产品都必须经过严格检验，确保不含对人体有害的物质。此外，水产养殖场也必须遵守一系列规定，包括饲料和药物使用、水质监控、疾病防治等，以确保上市水产品的质量。

一、食品安全管理机构

美国承担食品安全管理职责的政府部门主要包括食品和药品管理局、食品安全检验局、美国环境保护署、美国商务部国家海洋与大气管理局、美国国土安全部、美国司法部、联邦贸易委员会、州和各级地方政府。各机构分工明确，职责明确，各司其职，为食品安全提供了强有力的组织保障。

（一）美国食品和药品管理局

美国食品和药品管理局（Food and Drug Administration，FDA）隶属美国卫生部。根据其管理职能，FDA 负责的产品包括所有国产和进口的包装食品（不包括肉类和禽类）、药品、瓶装水以及酒精含量小于 7% 的葡萄酒等。在食品安全方面的职责是：制定美国食品法典、条令、指南和说明，并与各州合作运用这些法典、条令、指南和说明；执行食品安全法律，管理除肉和禽以外的国内和进口食品；检验食品加工厂和食品仓库，收集和分析样品，检验其物理、化学、微生物污染情况；产品上市销售前，负责验证兽药对所用动物的安全性；监测动物饲料的安全性；制定食品法典，可作为零售商及其他机构如何准备食品和预防食源性疾病的参考；建立良好的食品加工操作规程和其他的生产标准，如工厂卫生、HACCP 管理体系等；与外国政府合作，确保进口食品的安全；要求加工商召回不安全的食品并采取相应的执法行动；对食品包装安全开展研究，并负责行业内有关消费食品安全处理规程的培训。

（二）美国食品安全检验局

美国食品安全检验局（Food Safety and Inspection Service，FSIS）隶属美国农业部。FSIS 负责的产品包括肉类、家禽和蛋类产品、鲇形鱼类。FSIS 的职能范围包括：制定食品添加剂和其他配料的使用标准；制定工厂卫生标准，确保所有进口到美国的肉、禽的加工符合美国标准；监督管理国产和进口的肉、禽和相关产品，如含肉、禽的菜品和比萨饼、冷冻食品、加工的蛋制品（液态、冷冻和干燥的经过巴氏杀菌的蛋制品）。

（三）美国环境保护署

美国环境保护署（Environmental Protection Agency，EPA）的监管职能范围包括监管饮用水以及植物、海产品、肉制品的包装。其具体的食品与包装安全职责是：建立安全饮用水标准；管理有毒物质和废物，预防其进入环境和食物链；帮助各州监测饮用水的质量，探求饮用水污染的途径；测定新杀虫剂的安全性，制定杀虫剂在食品中的残留限量，发布杀虫剂安全使用指南；监管植物、海产品、肉制品包装的安全卫生。

（四）美国商务部国家海洋与大气管理局

美国商务部国家海洋与大气管理局的监管对象是水产品，其职责是以收费方式提供检查服务，通过《水产品检查计划》，按联邦卫生标准对渔船、水产品加工厂和零售企业进行检查并认证。

（五）美国国土安全部

美国国土安全部的监管对象是进口食品，其职责是协同联邦管理机构监管进口食品，确保进口食品符合美国法律法规。

（六）美国司法部

美国司法部的监管对象是所有食品（包括酒精度在 7％以上的酒饮料），其职责是：起诉涉嫌违反食品安全法的公司和个人；按法院令，查扣尚未上市的不安全食品。

（七）联邦贸易委员会

联邦贸易委员会的监管对象是所有食品，其职责是强制执行公平贸易法律，反假冒和反欺诈。

（八）州和各级地方政府

州和各级地方政府的监管对象是辖区内所有食品，其职责是：会同 FDA 和其他联邦机构，对辖区内生产的水产品、奶类等食品执行食品安全标准；检查辖区内餐饮业、食品商店和食品加工厂；禁止在州界内生产、销售和流通不安全食品。

美国食品安全管理体系的结构表明，美国官方管理机构基本上可以划分为两类：第一类为生产领域的管理机构，包括 FDA、FSIS 及州和各级地方政府机构；第二类为流通领域的管理机构，包括美国国土安全部、联邦贸易委员会、美国司法部。这两类机构分工明确，各司其职，又互相配合，共同保障在美消费食品的安全性。

二、贸易法规

健全的法律体系是美国食品安全监管顺利推行的基础，美国建立了涵盖所有食品类别和食品链各环节的法律体系，为制定监管政策、检测标准以及质量认证等工作提供了依据。

（一）《联邦法规法典》

美国任何一部法律的产生首先由国会议员提出，获得国会通过后，提交美国总统，批准后就成为法律，并公布在美国法典上。具体的执法部门根据美国法典的授权编制本部门具体实施的法规，并在联邦纪事上公布。《联邦法规法典》（Code of Federal Regulations，CFR）是法规的汇编，分为 50 个卷（titles）。其中，第 21 卷是食品和药品，是由 FDA 编制的法规，简称21CFR。21CFR 的第 1 章包含 1 300 个部分（part）。其中，part 100～199 是与人类食品相关的法规，包括 part 101 食品标签法、part 106～107 婴幼儿配方奶粉、part 108 应急许可管理（低酸和酸化食品登记）、part 110 良好操作规范（已被 part117 替代）、part 111 膳食补充剂的现行良好操作规范、part 112 农产品安全、part 113 低酸罐头、part 114 酸化食品、part 117 人类食品预防性控制措施、part 120 果蔬汁 HACCP 法规、part 121 保护食品防止被故意掺杂的缓解策略、part 123 水产品 HACCP 法规、part 170 食品添加剂；part 200～399 与药品相关；part 500～599 与动物食品相关，其中part 507 为动物食品预防性控制法规。

（二）《联邦食品、药品和化妆品法》

1938 年，美国国会制定了《联邦食品、药品和化妆品法》。该法案对食品安全监管体制做了较大的调整，扩大了 FDA 在食品安全监管方面的权力，奠定了美国现代食品安全监管体制的基础。《联邦食品、药品和化妆品法》是美国食品安全的主要法规，美国的大多数食品安全单项法规和标准都是依据该法规制定的，可以称之为食品安全领域的"基本法"。《联邦食品、药品和化妆品法》的立法目的不仅是保护消费者健康，同时也是保护消费者的经济权益。所以，该法不仅有关于食品安全的规定，另外还有关于诸如包装规格、假冒食品等方面的规定。

《联邦食品、药品和化妆品法》发布以后，有关部门加强了对食品安全的监管。此后出台的与食品安全有关的法律都以该法所确立的基本框架为前提，或者对该法的部分条款进行修订，或者对某种食品的管理专门作出规定，以应对食品安全领域不断出现的新问题。

（三）美国贝类卫生计划

美国自 1925 年起，从管理哈得逊河海口水域的贝类卫生控制开始，逐步制定和完善了美国各州共同遵守的美国贝类卫生计划（National Shellfish Sanitation Program，NSSP）。美国州际贝类卫生会议按照美国贝类卫生状况定期对 NSSP 进行了多次修改。

NSSP 标准等同适用于国内和进口的新鲜和冷冻的贝类。NSSP 通过建立覆盖新鲜和冷冻的贝类养殖、采捕、去壳、包装以及销售全过程的卫生控制体系，确保新鲜和冷冻贝类（如牡蛎、蛤和贻贝）的食用安全，防止相关食源性疾病的发生。简而言之，产品质量必须在生产的每个环节得到控制和保证。NSSP 是包括州官员、贝类企业和联邦机构三方自愿参与的项目。FDA 协调并管理 NSSP。

（四）《公平包装和标签法》

为了便于对众多消费商品进行价值比较，防止欺诈性包装和标签，美国国会于 1967 年发布了《公平包装和标签法》，授权 FDA 制定有关食品标签的法规。

《公平包装和标签法》对标签的内容和形式作出了更加具体的规定。例如，该法规定商品应该贴有标签，标签应标明商品特性以及生产商、包装者、分销商的姓名及地址；商品的净数量（重量、质量、尺寸或数字表示的价值）应该分别、准确地进行说明，并且应该统一在标签的主要显示区域标明，要使用最合适的、惯用的尺寸单位；标签应该以清晰易读的方式贴在显著位置，并与包装上其他内容有明显对比；标签中的字母和数字应该根据包装的主要显示区域位置进行打印，说明中包括的打印内容通常应该与包装处于静止状态时的底线平行。

（五）《公共健康服务法》

1994 年的《公共健康服务法》中规定：FDA 要保证经过消毒的牛奶和贝类水产品的安全、食品服务业的卫生以及用于州与州之间的船、火车、飞机和公共汽车上旅行者的食品、水和卫生设备的卫生。

（六）《营养标签与教育法》

《营养标签与教育法》发布于 1990 年，其要求所有经过加工的食品，包括鲜活及冷冻的水产品都要有完整的标签信息，其中对营养成分及添加成分要有明确的标识及一定的格式。

（七）《膳食补充剂健康与教育法》

《膳食补充剂健康与教育法》发布于 1994 年，是对《联邦食品、药品和化妆品法》中关于膳食补充剂的规定进行修订的标志性法规。其内容包括膳食补充剂的定义、形式、标签、声明等。

（八）《水产和水产品加工和进口的安全卫生程序》

1995 年 12 月 18 日，FDA 发布了《水产和水产品加工和进口的安全卫生程序》（21CFR123&1240），以确保水产和水产制品的安全加工和进口。1997 年 12 月 18 日该法规正式实行。该法规要求水产品建立并实施 HACCP 体系，强调水产品加工过程中的某些关键性工作，由受过 HACCP 培训的人员来完成，负责制定和修改 HACCP 计划，并审查各项记录。该法规不仅对美国国内水产业，而且对于进入美国的外国水产品及其生产者都产生了巨大影响。

法规分为三个部分，A 部分总则、B 部分烟熏或有烟熏味的水产品、C 部分未加工的软体贝类。法规的 A 部分对良好操作规范（GMP）和卫生标准操作程序（SSOP）作出了规定，并将 HACCP 原理中的危害分析、关键控制点、纠偏措施、验证和记录等要素规范化；法规还对培训、进口产品的特殊要求作出了规定。B、C 部分则是分别针对具体的产品类别。

(九)《2002 年公共卫生安全与生物恐怖预防应对法》

2002 年 6 月 12 日，美国总统签署了《2002 年公共卫生安全与生物恐怖预防应对法》，要求从 2003 年 12 月 12 日起进口到美国的食品须向 FDA 进行预申报。该法律对水产品有四方面的规定：注册制度、预申报制度、记录建立与保持制度、行政扣押制度。FDA 根据该法律制定了配套法规，如《食品企业注册法规》和《进口食品预申报法规》。

(十)《2004 年食品过敏原标识和消费者保护法规》

2004 年 8 月 FDA 发布《2004 年食品过敏原标识和消费者保护法规》，规定对含有某些过敏原的食品进行标识。该法规于 2006 年 1 月 1 日实施。主要的食品过敏原有以下 8 种：牛奶、蛋、鱼类（如鲈鱼、鲽鱼或真鳕）、甲壳类（蟹、龙虾或虾）、树坚果类（如杏仁、美洲山核桃或胡桃）、小麦、花生、大豆。对于鱼类、甲壳类、树坚果类三类食品必须标注具体的食品名称。适用于所有在美国销售的《联邦食品、药品和化妆品法》规定的包装食品，包括国内生产的和进口的食品。

(十一)《食品安全现代化法》

2011 年 1 月 4 日，奥巴马总统签署了《食品安全现代化法》(*Food Safety Modernization Act of 2011*，FSMA)，顾名思义，它是对美国食品安全体系的一次现代化革命，是对《联邦食品、药品和化妆品法》最大的一次修订。该法规分为 4 个部分，共有 41 节，可理解为从 41 个方面对《联邦食品、药品和化妆品法》的相关条款作了修订。FSMA 具体实施需要更详细的规则。为此美国食品药品监督管理局（FDA）在 FSMA 发布后陆续制定了一系列配套文件，包括一些新增的行政性法规、对原法规的修订或补充，以及非强制性的指南。

(十二)《人类食品现行良好操作规范、危害分析以及基于风险预防控制措施》

2015 年 9 月 17 日，FDA 发布了《人类食品现行良好操作规范、危害分析以及基于风险预防控制措施》(21 CFR part 117，简称 117 法规)。该法规是 FSMA 第一个配套法规，是 FSMA 其他配套法规围绕的核心和实施的基础，全文共 7 个部分，60 个条款。该法规显著提升了食品生产企业安全卫生的基准要求，在食品企业中全面推行"预防为主"的理念。法规对食品企业的要求主要包括三大部分。第一部分加入了"预防性控制措施"的全新内容，要求食品企业建立食品安全计划，对其生产、加工、包装或储存的食品进行危害分析，并制定预防性控制措施来消除这些危害。同时，法规要求企业对控制措施进行监控、验证、纠偏和记录。第二部分是对美国自 1986 年沿用至今的食品企业《现行良好操作规范》(21 CFR part 110，简称 110 法规)的升级和修订。第三部分是要求企业以风险为基础，对需要预防性控制措施的原辅料建立"供应链计划"，实施文件审核、现场审核、取样检测等验证活动。

(十三)《人类和动物食品进口商的国外供应商验证计划》

2015 年 11 月 27 日，FDA 发布了《人类和动物食品进口商的国外供应商验证计划》(21CFR part 1，subpart L，简称 FSVP)。该法规是 FSMA 的配套法规之一，旨在让进口商承担责任以确保进口食品安全，并强制要求美国的人类食品和动物食品进口商实施。若进口商不实施 FSVP，其进口的食品将被拒绝入境美国。

（十四）《人类和动物食品卫生运输法规》

2016 年 4 月 6 日，FDA 发布了《人类和动物食品卫生运输法规》（21CFR part 1，subpart O）。该法规是 FSMA 的配套法规之一，适用于在美国境内通过机动车辆或铁路车辆运输人类和动物食品的各相关方（如发货人、承运人、装货人、卸货人、接收人）。该法规界定了食品运输各相关方的责任，要求各相关方遵循卫生运输规范，确保所运输食品的安全。

（十五）《保护食品防止被故意掺杂的缓解策略》

2016 年 5 月 27 日，美国 FDA 发布了《保护食品防止被故意掺杂的缓解策略》（21CFR part 121，简称 121 法规）。该法规是 FSMA 的配套法规之一，旨在保护食品免受以导致大范围公众健康不良后果为目的的故意掺杂危害。该法规提出企业必须建立并实施食品防护计划。食品防护计划必须是书面的，内容包括：薄弱性评估文件，包括确认显著薄弱环节及其可采取措施的工序以及说明；缓解策略文件，包括解释说明；实施缓解策略的食品防护监控程序；食品防护纠偏程序；食品防护验证程序。

三、检验检疫政策

美国食品安全法律法规中涉及水产品检验检疫的政策要求主要包括：FDA 和 EPA 在法规和指南中规定的兽药安全限值、批准用于水产养殖的兽药、未批准用于水产养殖的兽药等。

（一）FDA 和 EPA 在法规和指南中规定的安全限值

FDA 和 EPA 在法规和指南中规定的安全限值见表 5-1 至表 5-5。

表 5-1　法规与指南中 FDA 与 EPA 规定的兽药安全限值

产品	限值
所有水产[1]	不得超出标签所列使用范围的兽药。不允许有以下残留物：氯霉素，己烯雌酚，迪美唑、异丙硝唑和其他硝基咪唑类，呋喃唑酮、呋喃西林和其他硝基呋喃类，氟喹诺酮，糖肽
鱼类与龙虾	四环素残基的总和，包括土霉素、金霉素和四环素[2]：≥2.0 毫克/千克（肌肉组织）
鲑鱼	甲基吡啶磷[3]：≥0.02 毫克/千克（肌肉/皮）
大西洋鲑鱼和虹鳟鱼	苯佐卡因[3]：≥0.05 毫克/千克（带皮肌肉）
鲑鱼和西鲥鱼	氯胺-T（对甲苯磺酰胺标记残留物）[2]：≥0.90 毫克/千克（肌肉/皮）
淡水养殖的鱼（巴沙鱼除外）、鲑鱼和巴沙鱼	氟苯尼考（氟苯尼考胺标记残留物）：淡水养殖的鱼（巴沙鱼除外）和鲑鱼≥1.0 毫克/千克（肌肉/皮）、巴沙鱼≥1.0 毫克/千克（肌肉）
鲑鱼	虱螨脲[9]≥1.35 毫克/千克（肌肉/皮）
鲑鱼和巴沙鱼	磺胺二甲氧嘧啶/奥美普敏组合[2]：每种药物（可食用的组织）≥0.1 毫克/千克
鳟鱼	磺胺嘧啶[2]：不允许残留
大西洋鲑鱼	伏虫隆[3]≥0.5 毫克/千克（肌肉/皮）

表 5－2　法规与指南中 FDA 与 EPA 规定的生物安全限值

产品	限值
所有水产[1]	肉毒梭菌：产品中有活的芽孢或支持其生长的营养细胞存在；或者存在毒素[4]
按 21 CFR 117.3 所定义的即食的所有水产[1]（包括生的和经熟制的）	单增李斯特菌：有机体的存在[4]
所有水产[1]	沙门氏菌：有机体的存在[4]
所有水产[1]	金黄色葡萄球菌：葡萄球菌肠毒素阳性；或者≥10[4] MPN／克；或者指示不卫生状况的限值[4]
已经预先熟制的所有水产[1]	弧菌属：有机体的存在[4]
生的双壳贝类[5]	霍乱弧菌：毒性有机体的存在
除生的双壳贝类之外，按 21 CFR 117.3 所定义的即食的生的水产[1]	霍乱弧菌：有机体的存在[4]
处于新鲜或冷冻状态且捕捞后加工的蛤、贻贝、牡蛎以及带卵扇贝，其标签申明"经过处理以将副溶血性弧菌降低至不可检测的水平"	副溶血性弧菌：≥30MPN／克
生的双壳贝类[5]	副溶血性弧菌：≥10[4] MPN／克
处于新鲜或冷冻状态且捕捞后加工的蛤、贻贝、牡蛎以及带卵扇贝，其标签申明"经过处理以将创伤弧菌降至无法检测到的水平"	创伤弧菌：≥30MPN／克

表 5－3　法规与指南中 FDA 与 EPA 规定的化学安全限值

产品	限值
鱼[6] 和贝类	2，4-二氯苯氧基乙酸[2]（2，4-D）：鱼＞0.1 毫克／千克、贝类＞1.0 毫克／千克
所有水产[1]	艾氏剂和狄氏剂：≥0.3 毫克／千克（可食用部分）
小龙虾	苄嘧磺隆：＞0.05 毫克／千克
青蛙腿	六氯化苯（BHC）：≥0.3 毫克／千克（可食用部分）
淡水鱼[6]	双草醚[2]：＞0.01 毫克／千克
牡蛎[6]	甲萘威[2]：＞0.25 毫克／千克
鱼、贝类[6]	唑酮草酯[2]：＞0.3 毫克／千克
小龙虾	氯虫苯甲酰胺：＞8.0 毫克／千克
所有水产[1]	氯丹：≥0.3 毫克／千克（可食用部分）
所有水产[1]	十氯酮：蟹肉≥0.4 毫克／千克、其他鱼类≥0.3 毫克／千克（可食用部分）
所有水产[1]	DDT、TDE 和 DDE：≥5.0 毫克／千克（可食用部分）
淡水鱼、养殖淡水鱼、金枪鱼、其他海水鱼	溴氰菊酯：＞0.1 毫克／千克
鱼、贝类[6]	敌草快[2]：鱼＞2.0 毫克／千克、贝类＞20.0 毫克／千克

（续）

产品	限值
养殖淡水鱼[6]	敌草隆及其代谢物[2]：＞2.0 毫克/千克
鱼[6]	茵多杀及其单甲酯[2]：＞0.1 毫克/千克
所有水产[1]	乙氧基喹啉：＞0.5 毫克/千克（可食用的肌肉）
淡水鱼[6]	丙炔氟草胺[2]：＞1.5 毫克/千克
小龙虾和鱼[6]	氟啶酮[2]：＞0.5 毫克/千克
淡水鱼	氯氟吡啶酯[2]：＞2.0 毫克/千克
甲壳贝类	氯氟吡啶酯[2]：＞0.5 毫克/千克
软体贝类[6]	氯氟吡啶酯[2]：＞20.0 毫克/千克
鱼和贝类[6]	草甘膦[2]：鱼＞0.25 毫克/千克、贝类＞3.0 毫克/千克
所有水产[1]	七氯和七氯环氧化物：≥0.3 毫克/千克（可食用部分）
会形成鲭鱼毒素的鱼类（例如金枪鱼、鲯鳅鱼和相关鱼类）	组胺：≥500 毫克/千克（有毒）；≥50 毫克/千克（腐败）
鱼和贝类[6]	灭草烟[2]：鱼＞1.0 毫克/千克；贝类＞0.1 毫克/千克
小龙虾	咪唑乙烟酸：＞0.15 毫克/千克
鱼和软体贝类	吡虫啉：鱼＞0.05 毫克/千克；软体贝类＞0.05 毫克/千克
所有水产[1]	甲基汞[7]：≥1.0 毫克/千克
所有水产[1]	灭蚁灵：≥0.1 毫克/千克（可食用部分）
小龙虾	二甲戊乐灵：＞0.05 毫克/千克
鱼、甲壳贝类和软体贝类[6]	五氟磺草胺[2]：鱼＞0.01 毫克/千克、甲壳贝类＞0.01 毫克/千克、软体贝类＞0.02 毫克/千克
所有水产[1]	多氯联苯[2]：≥2.0 毫克/千克（可食用部分）
小龙虾	敌稗：＞0.05 毫克/千克
甲壳贝类	喹禾灵：＞0.04 毫克/千克
淡水鱼、甲壳贝类[6]	苯嘧磺草胺[2]：＞0.01 毫克/千克
鱼、甲壳贝类和软体贝类[6]	多杀菌素[2]：＞4.0 毫克/千克
鱼和贝类[8]	绿草定及其代谢产物和去甲酸盐[2]：鱼＞3.0 毫克/千克、贝类＞3.5 毫克/千克
淡水鱼、海水鱼、甲壳贝类和软体贝类[6]	苯唑草酮[2]：＞0.05 毫克/千克

表 5-4　法规与指南中 FDA 与 EPA 规定的天然毒素安全限值

产品	限值
双壳贝类[5]	氮杂螺菌酸[9,10]（Azaspiracid Shellfish Poisoning，AZP）：≥0.16 毫克/千克氮杂螺菌酸-1 当量（此处实际是将氮杂螺菌酸-1，-2 和 3 的组合统一换算成了氮杂螺菌酸-1 等效物来计量）
新鲜、冷冻或罐装的蛤、贻贝、牡蛎以及整只带卵扇贝[5]	短裸甲藻毒素[10,11]［神经性贝类中毒（Neurotoxic Shellfish Poisoning，NSP）］：≥0.8 毫克/千克（20 小鼠单位/100 克）短裸甲藻毒素-2 当量或 5 000 个细胞/升

（续）

产品	限值
鱼（主要是礁鱼）	雪卡毒素[8]［雪卡鱼中毒（Ciguatera Fish Poisoning，CFP）］：加勒比雪卡毒素，≥0.1微克/千克加勒比雪卡毒素-1当量（Caribbean ciguatoxin-1, C-CTX-1）；印度雪卡毒素，指导水平尚未确定；太平洋雪卡毒素，≥0.01微克/千克太平洋雪卡毒素-1当量（Pacific ciguatoxin-1, P-CTX-1）
所有水产[1]	软骨藻酸[10]［健忘性贝类毒素（Amnesic Shellfish Poisoning，ASP）］：≥20毫克/千克软骨藻酸（珍宝蟹内脏除外）、>30毫克/千克软骨藻酸（仅珍宝蟹内脏）
新鲜、冷冻或罐装的蛤、贻贝、牡蛎以及整只带卵扇贝[5]	冈田酸[9]［腹泻性贝类毒素（Diarrhetic Shellfish Poisoning，DSP）］：≥0.16毫克/千克冈田酸总当量（即游离的冈田酸、鳍藻毒素-1和-2及其酰基酯的总和）
所有水产[1]	石房蛤毒素[9,10]［麻痹性贝类毒素（Paralytic Shellfish Poisoning，PSP）］：≥0.8毫克/千克石房蛤毒素当量

表5-5 法规与指南中FDA与EPA规定的物理安全限值

产品	限值
所有水产[1]	坚硬或尖锐异物：通常长度为7～25毫米

表5-1至表5-5的脚注如下：

1.《水产和水产品加工和进口的安全卫生程序》［21 CFR 123.3（d）和123.3（e）］对"水产"和"水产品"的定义如下。水产：除鸟类、哺乳类之外，淡水或海水中供人类食用的鱼类、甲壳类和其他类型的水产生物（包括但不限于鳄鱼、蛙类、龟类、海蜇、海参、海胆及这些动物的卵）和所有软体动物。水产品：以水产为特征性成分的食品。

2. 这些值是容忍限量（参考21CFR 109、21CFR 556和40 CFR 180）。

3. 这些数值为进口容忍限量（参考https://www.fda.gov/animalveterinary/products/importexports/ucm315830.htm）。

4. 采用等效于《FDA细菌学分析手册》内容的检测方法可检出。

5. NSSP中将"贝类"一词定义为以下所有物种。牡蛎、蛤或贻贝，无论是否：去壳或带壳；生制，包括捕捞后加工的；冷冻或非冷冻；整体或部分。除最终产品仅是闭壳肌之外，所有形式的扇贝。

6. 产品和"鱼"通过EPA参考文献予以定义，请参阅EPA进行解释。

7. 更多信息参见甲基汞。

8. CFP当量基于体外（细胞培养生物测定）毒性。

9. AZP、DSP和PSP的当量基于通过仪器分析确定的化学丰度。在某些情况下（如AZP、DSP和PSP），可能存在毒性当量因子，在确定总毒素当量时应予以考虑。

10. 软体贝类生物毒素经批准的分析方法详细信息，请参阅《国家贝类卫生计划：软体贝类控制指南》（https://www.fda.gov/Food/GuidanceRegulation/FederalStateFoodPrograms/ucm2006754.htm）。

11. NSP的当量基于体内（小鼠生物测定）毒性。

（二）批准用于水产养殖的兽药

用于食用水产养殖的兽药必须符合人类食品安全标准。水产养殖人员（养殖场主）或孵化管理人员对食用水产按标签使用经批准的药物时，该水产可以被食用。

经FDA批准用于水产养殖的兽药包括氯胺-T粉、福尔马林、过氧化氢、盐酸土霉素、三卡因甲基磺酸盐（MS-222）、绒毛膜促性腺激素、氟苯尼考、土霉素、磺胺甲基嘧啶、磺胺地索辛和奥美普林混合物等，对于批准供应商、批准使用物种、停药期和其他条件的信息参见《美国水产品危害和分析指南》。使用经FDA批准的用于水产养殖的兽药时，其工厂需遵守其他联邦、州、部落、领土和地区环境的要求。例如，在美国使用这些兽药的工厂需遵守国家污染物排放消除系统的要求。

（三）未批准用于水产养殖的兽药

低监管优先级的未经批准的新兽药及其用法和用量见表 5-6（美国兽药中心政策和程序手册附件："水产养殖中药物的监管优先级"指南 1240.4200，网址为 https://www.fda.gov/media/70193/download）。

表 5-6　低监管优先级的未经批准的新兽药及其用法和用量

种类	用法和用量
乙酸	用于鱼类的杀寄生虫剂，在 1 000~2 000 毫克/千克浓度中浸泡 1~10 分钟。
氯化钙	用于增加水中钙的浓度，以确保卵的适宜硬度。所用剂量应能保证使钙的浓度提高到 10~20 毫克/千克水平的碳酸钙。用于提高存放和运输鱼类的水的硬度使用量达到约 150 毫克/千克，从而使鱼类保持渗透压平衡
氧化钙	用于幼鱼和成年鱼类的体外杀原虫剂，在 2 000 毫克/升浓度中浸泡 5 秒
二氧化碳气体	用于鱼类的麻醉
漂白土	用于减少鱼卵的黏附性，以提高孵化率
大蒜（整瓣）	用于控制所有生命阶段海洋鲑鱼中的蠕虫和海虱感染
冰	用于降低鱼类在运输过程中的代谢率
硫酸镁	用于治疗所有生命阶段淡水鱼类的体外单性繁殖吸虫感染和体外甲壳寄生虫感染。将鱼类浸泡在 30 000 毫克/升硫酸镁和 7 000 毫克/升氯化钠混合溶液中 5~10 分钟
洋葱（整只）	用于治疗所有生命阶段鲑类的体外甲壳类寄生虫，并阻止其体外寄生海虱
木瓜蛋白酶	在 0.2% 的溶液中使用，用于去除鱼卵块的胶状基质，以提高孵化率并降低发病率
氯化钾	用于渗透调节、缓解压力、防止休克的助剂，所用剂量应使氯离子浓度提高到 10~2 000 毫克/升所需的剂量
聚维酮碘	在水硬化期间和之后，在 100 毫克/千克溶液中浸泡 10 分钟，用于卵表面的消毒剂
碳酸氢钠	在 142~642 毫克/千克溶液中浸泡 5 分钟，将二氧化碳引入水中，用于鱼类的麻醉
氯化钠	在 0.5%~1% 的溶液中，用时不限，用于缓解压力和预防休克的渗透调节助剂；在 3% 溶液中浸泡 10~30 分钟，用于杀灭寄生虫
亚硫酸钠	在 1.5% 的溶液中浸泡 5~8 分钟，用于处理卵，提高其孵化率
盐酸硫胺	用于预防或治疗鲑类的硫胺素缺乏症。在水硬化期间，卵被浸泡在 100 毫克/千克的水溶液中 4 小时。带卵黄囊的鱼苗应浸泡在 1 000 毫克/千克的水溶液中 1 小时
尿素和单宁酸	在每 5 升含有 15 克尿素和 20 克氯化钠的水溶液中浸泡约 6 分钟，然后在每 5 升含有 0.75 克单宁酸的水溶液中再浸泡 6 分钟，用于使鱼卵的黏性组成部分变性，可处理大约 400 000 个卵

第三节

日　本

日本是世界上食品安全监管比较严格的国家之一，在食品质量安全管理上脉络清晰，各个部门既有明确分工又能相互配合，保证监管效能的有力发挥。早在 1947 年，日本就制定了《食品卫生法》《食品卫生法施行令》等。随着时代发展以及新的食品安全风险，原有的法律法规已无法涵盖全部食品安全问题，作为发达的水产大国，日本相继修订或制定《食品卫生法》《食品安全基本法》等，不断健全水产品质量安全卫生管理的机构、法规和技术体系，形成了一套比较完善的水产品安全监管体系。

一、食品安全管理机构

日本的食品卫生监督管理由中央和地方两级政府共同承担，中央政府负责有关法律规章的制定、进口食品的检疫检验管理、国际性事务及合作，地方政府负责国内食品卫生及进口食品在国内加工、使用、市场销售的监管和检验。日本政府主管食品安全的部门为食品安全委员会、厚生劳动省、农林水产省、消费者厅，形成了日本中央政府监管食品安全机构的框架。

(一) 食品安全委员会

食品安全委员会依法要求食品安全监管部门做出实际行动，监督有关生产者严格按照食品安全的相关标准实施。其主要的职能是：第一，在实施食品安全风险评估时负责组织或接受厚生劳动省、农林水产省等管理部门对食品安全风险进行咨询，通过科学的分析方法，对食品安全实施检查和风险评估；第二，对风险管理部门进行政策指导与监督，根据风险评估结果，要求风险管理部门采取应对措施，并监督其实施情况；第三，收集和管理国内外食品安全信息，完善风险交流机制，以食品安全委员会为核心，建立由相关政府机构、消费者、生产者等广泛参与的风险信息沟通机制。

(二) 厚生劳动省

厚生劳动省成立医药食品局，主要工作包括对进口农产品和日本自产农产品进行监管、按照规定标准对农药残留量进行检测、规定农产品相关包装的标准等。厚生劳动省还另外设立药品食品卫生专家审议会、食品卫生检疫所、地方厚生局等机构。

(三) 农林水产省

农林水产省的部门职责是监管农药等在食品各环节的使用、进出口农产品的监督、食品在流通环节所流经场所生产条件的监管等。同时，负责指导各级地方政府对辖区相关农产品的使用情况进行监督，各级政府通过建立保健所对农业用药和病害防治进行指导监督。每个部门不仅有自己的主要责任，也有需要同其他部门合作才能完成的任务，而且日本严厉的责任追究体系使得每个部门不得不尽本部门最大的努力完成本职工作并相互配合完成机构权限范围内的工作。农林水产省还设有危机处理部门和 8 个地方农政局，分别针对严重食品问题做出决策、负责地方食品生产溯源制度的实施。

（四）消费者厅

日本政府于 2009 年成立了消费者厅，直属于日本内阁，主要负责实施保护消费者权益的各项法规以及行政管理工作，包括产品事故的原因调查以及防止同样问题再次发生等。

二、贸 易 法 规

日本保障食品质量安全的法律法规体系由两大基本法和其他相关法律法规组成。《食品卫生法》和《食品安全基本法》是两大基本法。除上述基本法外，与食品相关的法律法规还包括《日本农业标准法》《健康促进法》等。

（一）《食品卫生法》

日本食品安全管理的主要依据是《食品卫生法》，该法制定于 1947 年，后来根据需要经过几次修订，由 36 条条文组成。主要内容包括：总则、食品和食品添加剂、用具、容器和包装、标签和广告、官方食品添加剂标准、监督和指导、检查、注册检查机构、销售、杂项规定、罚则、补充条款。该法有以下特点：涉及众多的对象；将权力授予厚生劳动省；赋予地方政府管理食品的重要职责，厚生劳动省与地方政府共同承担责任；是以危害分析和关键控制点体系为基础的全面的卫生控制体系。

2006 年 5 月 29 日，日本将《食品卫生法》做了进一步修订，添加了"肯定列表制度"的内容，"肯定列表制度"设定了进口食品、农产品中可能出现的 799 种农药、兽药和饲料添加剂的 5 万多个暂定限量标准，涉及 264 种产品种类，同时规定了 15 种不准使用的农用化学品。对于列表外的所有其他农用化学品或其他农产品，则制定了一个统一限量标准，即 0.01 毫克/千克（100 吨农产品的化学品残留量不得超过 1 克）。

（二）《食品安全基本法》

疯牛病事件之后，为了重新获得消费者的信心，日本政府修订了其基本的食品安全法律。日本参议院于 2003 年 5 月 16 日通过了《食品安全基本法》草案，该法为日本的食品安全行政制度提供了基本的原则和要素，是一部以保护消费者为根本、确保食品安全为目的的法律。既是食品安全基本法，又对与食品安全相关的法律进行必要的修订。

《食品安全基本法》为日本的食品安全行政制度提供了基本的原则和要素。要点如下：一是确保食品安全；二是地方政府和消费者共同参与；三是协调政策原则；四是建立食品安全委员会，负责进行风险评估，并向风险管理部门农林水产省和厚生劳动省提供科学建议。

（三）《日本农业标准法》

《日本农业标准法》也称《农林物质标准化及质量标志管理法》（*Japanese Agriculture*

Standard，简称 JAS 法），该法是 1950 年制定、1970 年修订、2000 年全面推广实施的。JAS 法的适用对象是：除了酒类及《药事法》（昭和 35 年法律第 145 号）中规定的药品、化妆品之外的，面向普通消费者销售的所有的饮料和食品。JAS 法在内容上不仅确保了农林产品与食品的安全性，还为消费者能够简单明了地掌握食品质量等信息提供了方便。日本在 JAS 法的基础上推行了食品追踪系统，农林产品与食品通过该系统标识生产产地、使用农药、加工厂家、原材料、流通环节与其所有阶段的日期等信息。借助该系统可以迅速查到食品在生产、加工、流通等各个阶段使用原料的来源、制造厂家以及销售商店等记录，同时也能够追踪掌握到食品的所在阶段，这不仅能够使食品的安全性和质量等得到保障，也能够在发生食品安全事故时及时查出事故的原因、追踪问题的根源并及时进行食品召回。JAS 法中确立了两种规范，即日本农产品标识制度（JAS 标识制度）和食品品质标识标准。

1. 日本农产品标识制度

依据 JAS 法，市售的农渔产品皆须标明 JAS 标识及原产地等信息。JAS 法中还规定了关于有机食品的 JAS 规格，因此，没有"有机 JAS 标志"的农产品和农产品加工品，禁止使用"有机""organic"等标识或容易造成误解的标识。

2. 食品品质标识标准

一是生鲜食品品质标识标准。对生鲜食品的名称、原产地等的标识标准作了相应的规定。二是加工食品品质标识标准。对于加工食品（仅限于放入容器中的，或有包装的食品）的名称、原材料、原料原产地、净含量、保质期、保存方法、原产国、制造者的姓名及住址等的标识作了相应的规定。三是转基因食品相关品质标识标准。

（四）《健康促进法》

《健康促进法》中，为综合推进国民身体健康规定了一些基本事项，同时也采取了一些国民营养改善及其他国民健康增进措施，以此谋求国民身体更加健康。其主要规定如下。

1. 营养标识标准

为给消费者提供准确的信息，使其更清楚地了解食品中营养成分等的含量，该法规定了营养成分等相关标识制度（营养标识标准）。同时，其营养标识标准中还规定了营养机能食品的标识等相关内容。具体来说，该标识制度规定，在对食品中的维生素和矿物质、高蛋白质、低热量、低糖等营养成分或热量进行相关标识时，商家有义务对主要营养成分及营养成分的含量进行标识，并且还应标识该类食品可能含有的营养成分的含量标准。

2. 特别用途食品

特别用途食品指得到厚生劳动大臣的许可，标有婴幼儿、孕产妇、病人等特殊对象专用标识并进行销售的食品。特别用途食品中，含有对身体生理机能有影响的保健机能成分，标有特定保健功效的食品称作"特定保健食品"。

关于特定保健食品，2005 年 2 月进行了制度修订，对于未达到之前的审查中所需的科学水平但确认有一定功效的食品，专门设立了一个新的制度——有条件的特定保健品制度，对其进行有条件的许可。除此之外，对于之前的特定保健品中那些许可件数很多的食品和有一定科学依据的急需食品，重新设立了一个规格标准，为使审查过程更加快速，设立了"特定保健食品（规格标准型）制度"。

3.《健康促进法》禁止虚假或夸大标识

2003 年 8 月，对《健康促进法》进行了部分修订，规定食品销售过程中，在健康的保持增进效果方面，明显与事实不符或很容易引起消费者误会的内容禁止进行标识。

三、检验检疫政策

日本食品安全法律法规中涉及水产品检验检疫的有关政策要求主要如下。

(一) 日本食品卫生法中有关规定

1. 清洁卫生的原则

供销售包括非特定或广泛的非销售性赠予的食品或添加剂，必须在清洁卫生的状态下进行采集、生产、加工、使用、烹调、储藏、搬运、陈列及交接。

2. 禁止销售不卫生食品

一是腐烂、变质或未熟的食品，但是确认对人体健康无害、可以食用的食品不在此限。二是含有、附着或怀疑为有毒或有害物质，但是经与卫生检验检疫相关的部门确认对人体健康无害的食品不在此限。三是被致病菌污染或怀疑被污染，对人体有害的食品。四是混入或加入杂质、异物，或因其他原因，对人体有害的食品。

3. 以下情况属于对人体健康无害

一是虽然属于有毒或有害物质，但自然地包含或附着于食品或添加剂，根据其程度或处理，通过确认对人体健康无害时。二是在食品或添加剂生产过程中，混入或不得不添加有毒或有害物质，但确认对人体健康无害时。

4. 食品的规格及标准

一是厚生劳动省从公众卫生的观点出发，可以制定供销售食品或添加剂的生产、加工、使用、烹调及保存方法的标准，以及供销售食品或添加剂的成分规格。二是根据上述规定制订了标准或规格后，不得以不符合标准的方法生产、加工、使用、烹调或保存食品或使用添加剂，不得销售或进口以不符合标准的方法生产、加工的食品或添加剂，也不得生产、进口、加工、使用、烹调、保存或销售不符合其规格的食品或添加剂。

(二) 一般食品的规格标准

1. 一般成分规格

一是不得含有抗生素。二是不得含有化学合成的抗生素，但经厚生大臣确认不会损害人体健康的不在此限。

2. 一般加工及调制标准

不得对食品照射放射线。但在食品加工工序或为加工工序的管理面照射时，食品的吸收射线量在 1×10^{-3} 戈瑞以下，以及有特殊规定者，不在此限。

3. 一般保存标准

一是以直接接触非供饮用冰块保存食品时，使用的冰块，大肠菌群呈阴性。二是不得使用抗生素。三是不得以保存使用为目的，对食品进行放射线照射。

（三）食品添加剂

1. 水产品中添加剂的规定

对水产品中添加剂的规定，主要体现在如下两个法规中：《食品卫生法的食品和食品添加剂技术规范和法规》和《农产品和水产品进口技术法规手册（2007）》。

在《农产品和水产品进口技术法规手册（2007）》中，对水产品中的添加剂进行如下规定：根据《食品卫生法》规定，包括金枪鱼、鲱鱼在内的鲜鱼不得含有二氧化碳。

养殖水产品中所使用的抗生素或杀菌剂的标准不得超过规定的规格标准。例如，抗生素类的土霉素的允许残留限量为 0.10 毫克/千克。进口的水产品中，河豚必须附有出口国政府颁发的证书，并且证书中要包含种类名称和生产地区。

在对进口申报进行检查后，如果需要对货物进行检查，则检查员将进行现场检查。在检查确认安全后，可通过；如果货物检查不安全，将通知进口商拒绝通过。

2. 日本水产品中禁止使用的添加剂

日本《食品卫生法的食品和食品添加剂技术规范和法规》中规定了水产品中禁止使用的添加剂，如表 5-7 所示。

表 5-7　日本水产品中禁止使用的添加剂

水产品名称	禁止使用的添加剂	
	中文名称	英文名称
鲜鱼和贝壳类水产品（包括鲜鲸鱼肉）	水溶性胭脂树橙	Annatto，Water-soluble
	降胭脂树素钾	Potassium Norbixin
	降胭脂树素钠	Sodium Norbixin
鲜鱼和贝壳类水产品（包括鲜鲸鱼肉）	β 胡萝卜素	β-Carotene
鲜鱼（包括鲜鲸鱼肉）、贝壳类水产品、腌渍鱼、腌渍鲸鱼肉	食用蓝色 1 号（亮蓝 FCF）	Food Blue No. 1 (Brilliant Blue FCF)
	食用蓝色 1 号铝色淀	Food Blue No. 1 Aluminium Lake
	食用蓝色 2 号（靛蓝胭脂红）	Food Blue No. 2 (Indigocarmine)
	食用蓝色 2 号铝色淀	Food Blue No. 2 Aluminium. Lake
	食用绿色 3 号（坚牢绿）	Food Green No. 3 (Fast Green FCF)
	食用绿色 3 号铝色淀	Food Green No. 3 Aluminium Lake
	食用红色 102 号（胭脂红）	Food Red No. 102 (Cochineal Red)
	食用红色 104 号（根皮红）	Food Red No. 104 (Phloxine)
	食用红色 105 号（玫瑰红）	Food Red No. 105 (Rose Bengale)
	食用红色 106 号（酸性红）	Food Red No. 106 (Acid Red)
	食用红色 2 号（苋菜红）	Food Red No. 2 (Amaranth)
	食用红色 2 号铝色淀	Food Red No. 2 Aluminium Lake
	食用红色 3 号（赤藓红）	Food Red No. 3 (Erythrosine)
	食用红色 3 号铝色淀	Food Red No. 3 Aluminium Lake
	食用红色 40 号（诱惑红）	Food Red No. 40 (Allura Red AC)

（续）

水产品名称	禁止使用的添加剂	
	中文名称	英文名称
鲜鱼（包括鲜鲸鱼肉）、贝壳类水产品、腌渍鱼、腌渍鲸鱼肉	食用红色 40 号铝色淀	Food Red No. 40 Aluminium Lake
	食用黄色 4 号（酒石黄）	Food Yellow No. 4 (Tartrazine)
	食用黄色 4 号铝色淀	Food Yellow No. 4 Aluminium Lake
	食用黄色 5 号（日落黄）	Food Yellow No. 5 (Sunset Yellow)
	食用黄色 5 号铝色淀	Food Yellow No. 5 Aluminium Lake
	焦油色料	Preparations of Tar Colors
	二氧化钛	Titanium Dioxide
鲜鱼和贝壳类水产品（包括鲜鲸鱼肉）	叶绿酸铁钠	Sodium Iron Chlorophyllin
鲜鱼和贝壳类水产品（包括鲜鲸鱼肉）	非化学合成食品添加剂	Colors other than chemically synthesized food additives (Nonchemically synthesized food additives)
鲜鱼和贝壳类水产品（包括鲜鲸鱼肉）	烟酰胺 烟酸	Nicotinamide Nicotinic Acid

3. 日本水产品中添加剂限量标准

日本在《食品卫生法的食品和食品添加剂技术规范和法规》和《日本食品添加剂使用标准》中对水产品中添加剂的使用限量标准有明确规定。具体见表 5-8。

表 5-8　日本水产品中添加剂的最大使用限量

添加剂中文名	添加剂英文名	水产品名称	最大限量
丁羟回醚	Butylated Hydroxyanisole (BHA)	冷冻鱼和贝壳类水产品（不包括用于生吃的冷冻鱼、贝壳类产品和牡蛎）、冷冻鲸鱼肉（不包括用于生吃的冷冻鲸鱼肉）	1.0 克/千克
		干制的鱼和贝壳类水产品、盐渍的鱼和贝壳类水产品	0.20 克/千克
二丁基羟基甲苯	Butylated Hydroxytoluene (BHT)	冷冻鱼和贝壳类水产品（不包括用于生吃的冷冻鱼、贝壳类产品和牡蛎）、冷冻鲸鱼肉（不包括用于生吃的冷冻鲸鱼肉）	1.0 克/千克
		干制的鱼和贝壳类水产品、盐渍的鱼和贝壳类水产品	0.20 克/千克
亚氯酸钠	Sodium Chlorite	已调味和加工的鲱鱼籽（不包括干制和冷冻的鲱鱼籽）	0.50 克/千克
焦亚硫酸钾 次硫酸钠 焦亚硫酸钠 亚硫酸钠 二氧化硫	Potassium Pyrosulfite Sodium Hydrosulfite Sodium Pyrosulfite Sodium Sulfite Sulfur Dioxide	冷冻带壳螃蟹、带壳对虾	0.10 克/千克

（续）

添加剂中文名	添加剂英文名	水产品名称	最大限量
叶绿素铜	Copper Chlorophyll	鱼糜制品（不包括生鱼糜）	0.030 克/千克
叶绿素铜钠	Sodium Copper Chlorophyllin	鱼糜制品（不包括生鱼糜）	0.040 克/千克
亚硝酸钠	Sodium Nitrite	鱼肉香肠和鱼肉火腿	0.050 克/千克
		鲑鱼籽、鳟鱼籽、鳕鱼籽	0.005 0 克/千克
硫酸软骨素钠	Sodium Chondroitin Sulfate	鱼肉香肠	3.0 克/千克
苯甲酸	Benzoic Acid	鱼籽酱	2.5 克/千克
山梨酸钾	Potassium Sorbate	鱼糜制品（不包括生鱼糜）、海胆、鲸鱼肉制品	2.0 克/千克（以山梨酸计）
		熏制墨鱼、熏制章鱼	1.5 克/千克（以山梨酸计）
		干制鱼和贝壳类产品（包括熏制墨鱼和熏制章鱼）	1.0 克/千克（以山梨酸计）
山梨酸	Sorbic Acid	鱼糜制品（不包括生鱼糜）、海胆、鲸鱼肉制品	2.0 克/千克
		熏制墨鱼、熏制章鱼	1.5 克/千克
		干制鱼和贝壳类产品（包括熏制墨鱼和熏制章鱼）	1.0 克/千克
丙烯乙二醇	Propylene Glycol	熏制墨鱼	2.0 克/100 克
糖精钠	Sodium Saccharin	加工鱼和贝壳类水产品（不包括生鱼糜制品、调味鱼制品及盐渍、灌装和瓶装制品）	1.2 克/千克
		鱼糜制品	0.30 克/千克
		灌装或瓶装的鱼制品	0.20 克/千克

（四）农用化学品

1. 日本"肯定列表制度"

日本"肯定列表制度"是为加强食品中农用化学品（包括农药、兽药和饲料添加剂）残留管理而制定的一项制度。该制度要求食品中农用化学品含量不得超过最大残留限量标准，对于未制订最大残留限量标准的农用化学品，其在食品中的含量不得超过"一律标准"，即0.01毫克/千克。该制度于2006年5月29日起执行。"肯定列表制度"所规定的限量标准，每五年修订一次，其中包括暂定标准、不得检出物质、豁免物质、一律标准。

2. 日本水产品中其他污染物的限量标准

日本2007年发布的《食品卫生法的食品和食品添加剂技术规范和法规》中，对食品中一些污染物的限量标准进行了明确规定，其中包括水产品。具体规定见表5-9。

表 5-9　日本污染物的限量标准

污染物名称	水产品种类	最大限量标准
多氯联苯（PCB）	海洋和公海中的可食用鱼和贝类产品	0.5 毫克/千克
	内海和海湾中的可食用鱼和贝类产品，包括内陆水中的鱼和贝类产品	3.0 毫克/千克
汞	鱼和贝类产品［不包括金枪鱼、旗鱼、鲣鱼、内陆水域河流中的鱼和贝类产品（不包括湖和沼泽地）、深海鱼和贝类产品］	总汞：0.4 毫克/千克 甲基汞：0.3 毫克/千克
贝类毒素	所有贝类产品的可食用部分	麻痹性贝类毒素：4 鼠单位/克 腹泻性贝类毒素：0.05 鼠单位/克

3. 日本部分水产品的成分标准

日本在《农产品和水产品进口技术法规手册（2007）》中，列出了依据《食品卫生法》规定的部分水产品限量标准，具体见表 5-10。

表 5-10　日本部分水产品限量标准

水产品名称	限量标准
鱼糕	大肠杆菌：阴性 硝酸钾：≤0.050 克/千克（不包括鱼肠和鱼火腿）
鲑鱼卵、盐渍鲑鱼卵、鳕鱼卵	硝酸钾：≤0.050 克/千克
冷冻熟章鱼	细菌总数：≤100 000 个/克 大肠菌群：阴性
生吃的牡蛎	细菌总数：≤50 000 个/克 大肠杆菌：≤2.3 个/克
生吃的冷冻海产品	细菌总数：≤100 000 个/克 大肠菌群：阴性

（五）标签

日本对进口水产品的标签要求，不仅应符合《食品卫生法》对标签的一般规定，以及普遍要求的食品标签标注内容和标注形式，还应符合《新鲜食品（易腐食品）质量表示基准》和《水产物质量表示基准》对进口水产品标签的相关规定。

《新鲜食品（易腐食品）质量表示基准》和《水产物质量表示基准》对进口水产品的标签要求如下。

食品名称：需标明能传达其内容的常用名称，并标注在容器或包装的显著位置。

原产国名称：进口水产品需标明水域名称和原产国名称。如果标明水域名称有困难，可标明水产品所到达的港口名称，或者港口所在的辖区名称，并标注在容器或包装的显著位置。

净含量：应按照《计量法》的规定执行标注。

冷冻水产品的标签：应标明"解冻"（defrosted）字样，养殖水产品的标签应标明"养殖"（cultured）字样。

标签上的字体：需按照规定尺寸印刷，字体大小应大于等于《日本工业标准》（*Japanese Industrial Standard*，JIS）规定的 8 磅[①]（point）。

---

① 磅为非法定计量单位，1 磅≈0.454 千克。

第四节
韩　　国

韩国拥有较为完整的食品安全法律法规体系，在食品安全监管方面主要依据的法律法规有：《食品卫生法》及其实施条例、《食品安全基本法》及其实施条例、《韩国食品法典》、《食品添加剂标准与规范》、《进口食品安全管理特别法》及实施条例、《食品器具、容器、包装的标准和规范》、肯定列表制度、《水产品质量管理法》等。

一、食品安全管理机构

韩国对食品安全的监管主要由国家食品安全政策委员会、食品药品安全部、农林畜产食品部负责。

（一）国家食品安全政策委员会

负责统管政府食品安全管理工作，统筹食品安全政策，整合多个部及机构所推行的食品安全管理活动。总理通过食品安全政策委员会的审议，每三年制定一次食品安全管理的基本计划，相关的政府其他部门及地方自治团体根据此基本计划，每年制定具体的实施计划。

（二）食品药品安全部

食品药品安全部（Ministry of Food and Drug Safety，MFDS）负责管理加工食品、食品添加剂、功能食品（保健食品）、食品工器具和容器等。

（三）农林畜产食品部

农林畜产食品部（Korean Ministry of Agriculture，Food and Rural Affairs，MAFRA）是韩国政府负责农业、林业、畜牧业、食品产业及农村发展的核心部门。其主要职责涵盖农业生产、食品安全、农产品贸易、农村振兴等领域。

二、贸易法规

韩国政府高度重视食品安全，制定了一系列严格的法律法规，以确保食品的质量和安全。

（一）《食品卫生法》

《食品卫生法》于 1962 年发布并实施，此法从国家层面加强食品安全管理，认识到食品安全对公众健康至关重要。最初该法包括食品标准和规格、禁止销售危险食品和禁止虚假标示等内容。此后，《食品卫生法》通过多次修订，提升食品安全水平，包括强化企业主体责任和扩大消费者参与，实现了质和量的增长。特别是在与国际标准接轨的同时，加强了与公共安全直接相关的法规要求，同时针对食品生产和流通环境的变化进行了修订，以提高法规的适用性。

（二）《食品安全基本法》

《食品安全基本法》是韩国关于食品安全的最重要的一部法律，共有六章。第一章为总则、第二章为食品安全政策的确立及推进体系、第三章为紧急应对及追踪调查等、第四章为食品安全管理的科学化、第五章为信息公开及相互合作、第六章为消费者参与。《食品安全基本法》统一了食品安全政策，提高了政策的执行效率。

该法的立法目的在于"明确食品安全相关的国民的权利与义务及国家与地方自治团体的责任，确立、调整食品安全政策，促进国民健康、安全的饮食生活"。第二章规定，相关行政机关应制定三年食品安全管理计划，报国务总理。由根据该法设立的食品安全政策委员会统筹、评议相关计划，通报相关机关执行，明确食品安全政策及推进体系。第三章详细规定了在发生重大危害或可能发生重大危害国民健康的事件时，国家出台紧急应对方案，并在其中特别详细规定了食品召回制度。第四章明确了相关行政主管部门制定食品等危害性评价标准并据此进行定期审查的义务，而且特别提及转基因等新型食品的安全管理问题。第五章首先明确了政府主管机关的信息公开义务，并规定了听取经营者、消费者意见的制度。第六章消费者参与，为增进消费者参与食品安全管理，规定了相关激励制度及消费者举报保护制度。

（三）《韩国食品法典》

《韩国食品法典》规定了食品通用标准、食品添加剂及食品标签要求，特殊食品的标准和规范，食品工厂卫生及安全要求等；建立了检测方法，并规定了食品中营养成分、添加剂、农药和兽药残留微生物等的限量标准。

（四）《进口食品安全管理特别法》

为了应对进口的快速增长，加强进口食品的安全管理，通过整合分散在各个法律中的进口食品相关规定，韩国制定了《进口食品安全管理特别法》，该法旨在确保进口食品的安全性，谋求提高进口食品质量，提供准确信息，为健康的交易秩序和增进国民健康做出贡献。

（五）《水产品质量管理法》

《水产品质量管理法》包括水产品的质量管理、水产加工产业的培育与管理、海域的指定及生产、加工设施的注册管理、水产品及水产加工品的检查、移植用水产品的检疫、水产品的安全性调查以及其他补充法规、惩罚法规等内容。制定此法的目的是通过对水产品进行适当的质量管理，提高水产品的商品性及稳定性，扶植水产品加工产业，从而提高韩国渔民的收入，保护消费者的利益。

（六）《食品添加剂标准与规范》

《食品添加剂标准与规范》定义了各种食品添加剂的规格和使用标准。

（七）《水产品生产加工设施及海域卫生管理标准》

《水产品生产加工设施及海域卫生管理标准》制订了食用水产品（具体为双壳贝类、包囊类、腹足类）生产过程卫生管理要求、硬件设施设备要求、水产品原料养殖海域卫生标准等。

（八）《进口水产品流通历史管理规定》

《进口水产品流通历史管理规定》包括相关定义、适用产品范围（如被专门机构认定为高风险的水产品、在国外已引起危害的水产品等，具体包括野生鳗鱼等 23 类水产品）、进口水产品流通历史管理部门、记录信息要求、保存期限（3 年）等内容。

三、检验检疫政策

韩国对进口食品实行严格的检验和监管流程，所有进口食品必须符合韩国食品安全标准，具体要求如下。

（一）生产加工要求

1. 食品原料要求

《韩国食品法典》在附件中规定了原料的要求。附件 1：允许在食品中使用的原料清单。附件 2：允许在食品中有条件使用的原料清单。附件 3：食品中不允许使用的原料清单。

2. 食品接触面要求

《食品器具、容器、包装的标准和规范》规定了食品容器、包装和器具等标准规范。例如，合成树脂材料铅、镉、汞和六价铬的迁移总量不得超过 100 毫克/千克，氯乙烯材料铅的迁移量不能超过 1 毫克/千克等。

3. 食品接触面消毒剂

韩国在《食品添加剂标准与法规》中规定了包括二氧化氯和次氯酸盐在内的 94 种可用于食品接触面消毒的物质。

消毒剂使用完，必须使用适当的方法去除后才能接触食品，如使用饮用水冲洗、自然风干或热风干等。氯制剂的使用标准为不超过 200 毫克/千克。二氧化氯的使用标准为不超过 200 毫克/千克。

4. 产品消毒剂

可使用二氧化氯、次氯酸盐溶液、臭氧溶液消毒果蔬产品，但在成品中不能有残留。

（二）成品标准

1. 农药残留

2019 年开始实施肯定列表制度，标准为一律不超过 0.01 毫克/千克。

2. 兽药残留：《韩国食品法典》

兽药残留查询网址为 https：//residue.foodsafetykorea.go.kr/vd/mrl。

3. 食品添加剂：《食品添加剂标准与规范》

添加剂要求查询网址为 http：//www.foodsafetykorea.go.kr/foodcode/04_02_

02. jsp? idx＝820。

4. 微生物等标准

微生物等标准参考《韩国食品法典》和《进口水产品检验指南》。

5. 食品标签要求

《韩国食品标签标准》包括食品标签强制性标注的内容，豁免标注的要求，字体字号、标注位置等的规定，配料成分，原产国，制造者、经销者的名称和地址，储藏指南和食用方法的标注。

（三）官方进口管理

韩国 MFDS 要求：进口商备案（良好进口商计划）；所有向韩国出口的企业网上备案（类似美国 FDA）；现场检查出口企业（类似美国 FDA）；动物源性产品 MFDS 与农业食品和农村事务部合作共同开展准入评估，农业食品和农村事务部评估疫病传入风险，MFDS 评估生产加工卫生，现场评估时由两个部门组成审核组；口岸检查。

（四）中韩进出口水产品安全卫生标准

根据《中韩两国关于进出口水产品的卫生管理协议》，中韩进出口水产品安全卫生标准见表 5 - 11。

表 5 - 11　中韩进出口水产品安全卫生标准

检查项目	协议限量标准	适用产品
麻痹性贝类毒素	≤80 微克/100 克（＜4 鼠单位/克）	软体双壳贝类及其产品
细菌总数	≤100 000CFU/克 ≤3 000 000CFU/克	无须蒸煮即可食用的冻鱼及软体贝类 冻鳕鱼内脏
大肠菌群	≤10CFU/克	无须蒸煮即可食用的冻鱼及软体贝类
金黄色葡萄球菌	阴性	无须蒸煮即可食用的冻鱼及软体贝类
沙门氏菌	阴性	无须蒸煮即可食用的冻鱼及软体贝类
副溶血性弧菌	阴性	无须蒸煮即可食用的冻鱼及软体贝类
单增李斯特氏菌	阴性	无须蒸煮即可食用的冻鱼及软体贝类
抗生素		
土霉素	≤0.2 毫克/千克	
恶喹酸	≤0.1 毫克/千克	
氟甲喹	≤0.5 毫克/千克	冰鲜、冷冻水产品
恩诺沙星/环丙沙星	≤0.1 毫克/千克	养殖鱼和甲壳类
螺旋霉素	≤0.2 毫克/千克	
磺胺甲基嘧啶	不得检出	
国际上禁止使用物质		
氯霉素	不得检出	
孔雀石绿	不得检出	冰鲜、冷冻水产品
硝基呋喃类	不得检出	
一氧化碳（CO）	≤20 微克/千克	冻罗非鱼（鱼块和鱼片产品）
	≤200 微克/千克	冻金枪鱼（鱼块和鱼片产品）
	≤10 微升/升	冻罗非鱼（真空包装产品）

（续）

检查项目	协议限量标准	适用产品
虎红（焦油色素）	阴性	冰鲜、冷冻水产品 鱼籽酱及其替代物（包括盐腌产品） 马哈鱼和鳟鱼、鱼片 蚶类、海胆和阿拉斯加鳕鱼籽
金属异物	不得检出	冰鲜、冷冻水产品

（五）输入河鲀的特殊条件

根据《中韩两国关于进出口水产品的卫生管理协议》，可输入的河鲀的种类见表 5-12。输入产品的类型为冰鲜、冷冻的未经加工的生河鲀或冰鲜、冷冻的仅去除内脏的河鲀。另外，进口商必须提供输出国政府机关或由政府机关批准的机构出具的证书，在证书上注明河鲀的学名和捕捞区。

表 5-12 可输入的河鲀的种类

编号	学名
1	星点东方鲀
2	斑点东方鲀
3	豹纹东方鲀
4	潮际东方鲀
5	紫色东方鲀
6	暗纹东方鲀
7	痣斑东方鲀
8	红鳍东方鲀
9	假睛东方鲀
10	黄鳍东方鲀
11	黑鳃兔头鲀
12	棕斑腹刺鲀或棕腹刺鲀
13	暗鳍腹刺鲀
14	密沟鲀或皱纹河鲀
15	菊黄东方鲀
16	斑短刺鲀
17	六斑刺鲀
18	布氏刺鲀
19	密斑刺鲀
20	粒突箱鲀
21	密点东方鲀

（六）不合格水产品及其加工厂调查处理程序

1. 不合格分类

按项目要求检出的不合格情况分类如下。

第一类：一般危害的不合格情况。包括生物毒素（麻痹性贝类毒素、河鲀毒素）、致病性微生物（细菌总数、大肠菌群、金黄色葡萄球菌、副溶血性弧菌、单增李斯特氏菌）、其他有毒有害物质残留〔二氧化硫、一氧化碳、放射性物质、虎红、重金属（铅、总汞、镉）〕、金属异物（非人为加入）、强制注水。

第二类：重大危害的不合格情况。含有国际上禁用的物质残留（氯霉素、硝基呋喃、孔雀石绿）、含有限用抗生素（恶喹酸、土霉素、氟甲喹、螺旋霉素、恩诺沙星/环丙沙星、磺胺甲基嘧啶）、可能产生严重危害的致病性微生物（霍乱弧菌、沙门氏菌）、金属异物（人为加入）的不合格问题。

2. 调查处理程序

根据《中韩两国关于进出口水产品的卫生管理协议》，不合格水产品及其加工厂的调查处理程序见表 5 - 13。

表 5 - 13　不合格水产品及其加工厂的调查处理程序

不合格种类	发生次数	处理结果	调查处理程序
第一类	1 次	出口国对相关企业的相关产品采取限期整改、暂停出口措施	①进口国向出口国通报发生不合格情况 ②出口国对相关企业的相关产品采取限期整改、暂停出口措施，相关企业整改合格后恢复出口 ③出口国及时向进口国通报调查结果和整改情况
	1 年内 2 次及以上	进口国暂停相关企业的相关产品进口	①进口国向出口国通报发生不合格情况，暂停相关企业的相关产品进口 ②出口国对不合格原因进行调查，并将结果和整改情况向进口国通报 ③进口国接到出口国情况通报，若无不可抗力的原因，则应在 15 天内恢复相关企业的相关产品进口
第二类	1 次	进口国暂停相关企业进口	①进口国向出口国通报发生不合格情况，并暂停相关企业进口 ②出口国向进口国通报调查结果和整改情况 ③进口国接到出口国情况通报，若无不可抗力或材料不足的原因，则应在 15 天内恢复相关企业进口
	1 年内 2 次及以上	出口国取消相关企业对进口国的注册	①进口国向出口国通报发生不合格情况，并暂停相关企业进口 ②出口国取消相关企业对进口国的注册

第五节

中国水产品进出口要求

根据中国有关法律法规和文件规定，为保障进口水产品质量安全，中国海关总署对进出口水产品实施检验检疫和监督管理。

水产品指供人类食用的水生动物产品及其制品，包括水母类、软体类、甲壳类、棘皮类、头索类、鱼类、两栖类、爬行类、水生哺乳类动物等其他水生动物产品以及藻类等海洋植物产品及其制品，不包括活水生动物及水生动植物繁殖材料。

一、适用的法律法规和标准

（一）法律、行政法规

有关水产品方面的法律、行政法规包括《中华人民共和国食品安全法》及实施条例、《中华人民共和国海关法》、《中华人民共和国进出口商品检验法》及实施条例、《中华人民共和国进出境动植物检疫法》及实施条例、《中华人民共和国农产品质量安全法》、《国务院关于加强食品等产品安全监督管理的特别规定》（国务院 503 号令）等。

（二）部门规章及相关文件

有关水产品方面的部门规章及相关文件包括《中华人民共和国进口食品境外生产企业注册管理规定》（海关总署令第 248 号）、《中华人民共和国进出口食品安全管理办法》（海关总署令第 249 号）、《中华人民共和国海关进出口货物申报管理规定》（海关总署令第 243 号）、《出口水产品原料养殖场备案管理办法》（海关总署公告 2024 第 27 号）、《出口食品生产企业申请境外注册管理办法》（海关总署公告 2021 年第 87 号）、《关于我国输美鲶形目鱼类产品有关要求的公告》（海关总署公告 2019 年第 230 号）、《关于启用"海关行政相对人统一管理子系统（3.0 版）"进口食品进出口商备案功能有关事宜的公告》（海关总署公告 2024 年第 105 号）、《食品动物中禁止使用的药品及其他化合物清单》（农业农村部公告 2019 年第 250 号）等。

（三）相关主要标准

有关水产品方面的主要标准包括《GB 2733—2015 食品安全国家标准 鲜、冻动物性水产品》《GB 2760—2024 食品安全国家标准 食品添加剂使用标准》《GB 2762—2022 食品安全国家标准 食品中污染物限量》《GB 2763—2021 食品安全国家标准 食品中农药最大残留限量》《GB 7098—2015 食品安全国家标准 罐头食品》《GB 7718—2011 食品安全国

家标准 预包装食品标签通则》《GB 10133—2014 食品安全国家标准 水产调味品》《GB 10136—2015 食品安全国家标准 动物性水产制品》《GB 14882—1994 食品中放射性物质限制浓度标准》《GB 19643—2016 食品安全国家标准 藻类及其制品》《GB 20941—2016 食品安全国家标准 水产制品生产卫生规范》《GB 28050—2011 食品安全国家标准 预包装食品营养标签通则》《GB 29921—2021 食品安全国家标准 预包装食品中致病菌的限量》《GB 31602—2015 食品安全国家标准 干海参》《GB 31607—2021 食品安全国家标准 散装即食食品中致病菌限量》《GB 31650—2019 食品安全国家标准 食品中兽药最大残留限量》《GB/T 18088—2000 出入境动物检疫采样》《SN/T 0223—2011 进出口冷冻水产品检验规程》《SN/T 2920—2011 进出口水产品检验规程》等。

上述依据文件以最新发布版本为准。

二、进口要求

（一）准入要求

中国海关总署对境外国家（地区）的食品安全管理体系和食品安全状况开展评估和审查后，确定该国家（地区）获得准入的水产品名单。进口水产品应在符合评估审查要求及有传统贸易的国家或地区输华食品目录中（网址为 http：//43.248.49.223/）。

（二）对境外生产企业的要求

向中国境内出口的境外生产、加工、储存企业（包括带有冷冻设施的捕捞渔船、运输船和加工船）应由所在国家（地区）主管当局向中国海关总署推荐注册，通过中国海关总署的注册后方可向中国出口。已注册进口食品境外生产企业通过进口食品境外生产企业注册管理系统（网址为 https：//cifer.singlewindow.cn/）进行查询。

进口食品境外生产企业注册办事指南及相关附件，可参见中国海关总署网站"互联网＋海关"办事指南栏目→行政审批→进口食品境外生产企业注册→《进口食品境外生产企业注册办事指南》。

（三）进出口商备案

进口水产品的进出口商应通过国际贸易"单一窗口"或"互联网＋海关"向海关提交备案申请。食品进口商也可以向住所地海关提交纸质《收货人备案申请表》及有关材料进行备案。进入"中国海关企业进出口信用信息公示平台"的"特定资质行政相对人名录"（网址为 http：//ire.customs.gov.cn/），可以进行备案信息查询。

（四）进口申报要求

进口商或者代理人进口食品应当依法向中国海关总署如实申报，并提供输出国家或地区官方检验检疫证书。检验检疫证书，目的地应当标明为中华人民共和国，证书样本应当经中国海关总署确认。

（五）对包装和标签的要求

对于进口水产品，内外包装上应当有牢固、清晰、易辨的中英文或者中文和出口国家（地区）文字标识，标明以下内容：商品名和学名，规格，生产日期，批号，保质期限和保存条件，生产方式（海水捕捞、淡水捕捞、养殖），生产地区（海洋捕捞海域、淡水捕捞国家或者地区、养殖产品所在国家或者地区），所有生产加工企业的名称、注册编号及地址（具体到州/省/市），渔船（指有冷冻设施的捕捞船、加工船、运输船）可豁免标识地址，必须标注目的地为中国。预包装水产品的标签还应符合中国进口预包装食品标签的要求。

三、出口要求

（一）出口食品生产企业备案
出口水产品生产企业向住所地海关进行备案。

（二）申请境外注册
境外国家（地区）对中国输往该国家（地区）的出口水产品生产企业实施注册管理且要求中国海关总署推荐的，出口水产品生产企业须向住所地海关提出申请，经住所地海关初核，直属海关注册管理部门审核，上报中国海关总署。中国海关总署结合企业信用、监督管理以及住所地海关初核情况组织开展对外推荐注册工作。出口生产企业在境外注册信息以进口国家（地区）公布为准。

截至2024年12月底，出口水产品需要获准在境外注册国家（地区）为：越南、印度尼西亚、俄罗斯、欧盟、英国、新西兰（罗非鱼）、巴西、韩国、哥斯达黎加、吉尔吉斯斯坦、哈萨克斯坦、乌兹别克斯坦、巴拿马、沙特阿拉伯等。

（三）出口食品原料养殖场备案
中国海关总署对出口水产品的原料养殖场实施备案管理。申请人通过国际贸易"单一窗口"或"互联网＋海关"向养殖场住所地海关备案。中国海关总署统一公布出口水产品原料养殖场备案信息。

（四）出口
出口产地或组货地检验检疫：生产企业、出口商向产地或组货地海关提出出口申报前检验检疫申请，产地或组货地海关实施属地查验，进行综合评定。

出口申报：出口商或其代理人进行出口申报，海关对出口水产品在口岸实施检查。经口岸综合评定合格的，准予出口。经检查不合格，依法不能技术处理或技术处理仍不合格的，不准出口。

CHAPTER 6 | 第六章

水产品贸易市场预警

技术性贸易措施在国际贸易中，是一种非关税的限制措施，通过技术法规、标准、合格评定程序、卫生与植物卫生措施来加以实施。20世纪90年代中期以来，其适用产品和作用范围逐渐扩大。技术性贸易措施包括技术性贸易壁垒（Technical Barriers to Trade，TBT）和卫生与植物卫生措施（Sanitary and Phytosanitary Measures，SPS）。技术性贸易措施，一方面对保护人类健康和安全、保护动植物的生命和健康、保证产品质量、防止欺诈等方面产生积极作用；另一方面，如果措施的实施不以科学依据为基础，则可能形成贸易壁垒，影响自由贸易。

第一节

2023 年水产品技术性贸易措施通报情况

随着经济全球化进程的加速，国际贸易的迅速发展正有效地推动着整个世界经济规模的不断扩大。水产品贸易是国际农产品贸易的重要组成部分，目前在国际水产品贸易中，TBT 协定和 SPS 协定下所采取的技术性贸易措施正逐步取代关税壁垒等传统贸易保护措施，成为对其影响最突出的非关税壁垒。欧盟、日本、韩国和美国作为中国水产品最主要的出口国家，凭借先进的科技和国际经济地位制定了大量严格的技术标准、技术法规以及检验检疫程序等，对中国水产品的出口造成了重大影响。从日本肯定列表制度规定 0.01 毫克/千克的"一律限量"，到美国、欧盟以提高质量安全限量标准的方式频频限制进口，都对中国的水产品出口企业造成了巨大损失。不合理的技术性贸易壁垒在给中国造成经济损失的同时，也不可挽回地会对中国出口企业的信誉和国家形象造成负面影响。可以说，纷繁复杂的技术性贸易措施已经对水产品国际贸易构成了扭曲，造成了壁垒。由于技术性贸易措施对水产品进出口贸易具有重要影响，因此及时掌握 WTO 成员最新技术性贸易措施通报情况，分析各国技术性贸易措施的实施动向，将有助于提高政府和企业应对水产品技术性贸易措施的针对性和时效性，对保证中国在这项世界范围内的合作博弈中立足不败，争取更为广阔的国际市场具有参考价值。

本部分内容主要以 2023 年中国接收到的水产品技术性贸易措施通报数据为研究基础，对水产品技术性贸易措施通报的总体情况进行汇总分析，跟踪研究措施发布的最新趋势。

一、通报数量分析

水产品技术性贸易措施通报主要包括 TBT 通报和 SPS 通报两种类型。2023 年收到 TBT 通报 9 项，SPS 通报 12 项。2023 年收到的通报清单如表 6-1 所示。

表 6-1　2023 年收到的水产品技术性贸易措施通报清单

序号	通报号	通报名称
1	G/SPS/N/EU/605	欧盟有关进口动物产品抗菌药物使用要求的通报
2	G/TBT/N/VNM/240	越南有关水产养殖饲料及水产养殖环境处理产品技术法规的通报
3	G/TBT/N/VNM/241	越南有关鲜活水产养殖饲料标准法规的通报

（续）

序号	通报号	通报名称
4	G/TBT/N/VNM/242	越南有关复合水产养殖饲料的通报
5	G/TBT/N/VNM/243	越南有关水产养殖饲料添加剂的通报
6	G/TBT/N/VNM/244	越南有关水产养殖环境处理用化学、生物制品安全阈值的通报
7	G/SPS/N/TZA/232	坦桑尼亚有关海藻良好水产养殖规范的通报
8	G/SPS/N/KOR/773	韩国有关修订食品标准与规范的通报
9	G/TBT/N/UKR/245	乌克兰有关水生生物资源法规的通报
10	G/TBT/N/BRA/639/Add.3	巴西有关鱼类通用名称与科学名称对应关系的补遗通报
11	G/SPS/N/BRA/2146	巴西有关食用鱼类及其衍生物进口卫生要求的通报
12	G/SPS/N/BRA/2147	巴西有关无活性虾和小龙虾及其衍生物进口卫生要求的通报
13	G/TBT/N/UKR/245/Add.1	乌克兰有关水生生物资源产品可追溯性法律草案的通报
14	G/TBT/N/UKR/254	乌克兰有关水产养殖领域监管立法的通报
15	G/SPS/N/AUS/569	澳大利亚有关养殖用活鲟鱼生物安全进口风险分析草案的通报
16	G/SPS/N/KOR/785	韩国有关拟修订食品标准与规范的通报
17	G/SPS/N/JPN/1221	日本有关拟定氯司替勃最大残留限量的通报
18	G/SPS/N/JPN/1228	日本有关拟定环氟菌胺最大残留限量的通报
19	G/SPS/N/JPN/1230	日本有关拟定 Dimesulfazet 最大残留限量的通报
20	G/SPS/N/UGA/278	乌干达有关罗非鱼良好养殖规范的通报
21	G/SPS/N/UGA/279	乌干达有关淡水水产养殖场良好养殖规范的通报

二、通报来源国家（地区）分析

对收到的通报数量进行统计分析后，进一步对通报来源国家（地区）进行了分析，2023 年接收到来自 9 个国家和地区的通报。2023 年水产品技术性贸易措施通报来源国家（地区）如表 6-2 所示。

表 6-2　2023 年水产品技术性贸易措施通报来源国家（地区）

通报来源国家（地区）	通报数量
越南	5
乌克兰	3
巴西	3
日本	3
韩国	2
乌干达	2

（续）

通报来源国家（地区）	通报数量
欧盟	1
坦桑尼亚	1
澳大利亚	1

三、通报理由分析

SPS 通报理由包括食品安全、动物健康、保护人类免受动植物等有害生物危害、保护国家免受有害生物其他危害、植物保护等方面。2023 年水产品 SPS 通报理由所占比例如图 6-1 所示。

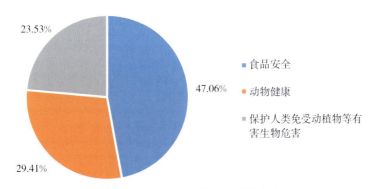

图 6-1 2023 水产品 SPS 通报理由

研究发现，SPS 通报的主要理由为食品安全（47.06%），其次是动物健康（29.41%）、保护人类免受动植物等有害生物危害（23.53%），没有以保护国家免受有害生物其他危害、植物保护为理由的 SPS 通报。

TBT 通报理由包括保护人类安全或健康、保护环境、防止欺诈、保护动物和植物的生命或健康、食品安全等方面。2023 年水产品 TBT 通报理由所占比例如图 6-2 所示。

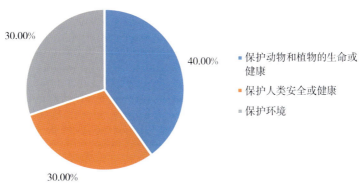

图 6-2 2023 年水产品 TBT 通报理由

　　研究发现，TBT 通报的主要理由为保护动物和植物的生命或健康（40.00％），其次是保护人类安全或健康（30.00％）、保护环境（30.00％），没有以防止欺诈、食品安全为理由的 TBT 通报。

第二节

水产品技术性贸易措施通报热点问题分析

中国水产品技术性贸易措施通报评议工作开始于 2004 年，已有相关研究人员对 2004 年以来的水产品技术性贸易措施通报的情况进行分析。水产品技术性贸易措施通报评议开展近 20 年来，工作机制逐渐完善，目前已初步建立涵盖农兽药、污染物和添加剂等方面的专家评议团队，对于相关通报的评议水平有了很大提升。近年来，随着各国政府对设立技术标准重视程度的加强，技术性贸易措施也渐而转向复杂化和连锁化。

本部分内容主要以 2023 年中国接收到的水产品技术性贸易措施通报数据为研究基础，列举部分重点通报及评议意见，以期为政府和出口企业应对 WTO 成员有关水产品技术性贸易措施提供参考。

一、韩国有关修订食品标准与规范的通报（G/SPS/N/KOR/773）

通报于 2023 年 1 月 31 日由 WTO 分发至各成员，主要内容为韩国拟修订食品标准与规范，其中涉及水产品的内容如下：将"畜产品和水产品的残留限量标准"整合至"农产品残留标准"中；在加工食品中适用的农兽药残留限量标准出现水分含量变化时，明确相关修正方法；将水产品中乙氧喹啉残留物质定义由乙氧喹啉（Ethoxyquin）修改为乙氧喹啉（Ethoxyquin）及二聚乙氧喹啉（Ethoxyquin dimer）之和，新设其最大残留限量（MRLs）为甲壳类 0.2 毫克/千克、鱼类 0.1 毫克/千克。

（一）对外评议意见

建议韩国暂缓拟在甲壳类和鱼类中设定乙氧喹啉及二聚乙氧喹啉 MRLs 的措施。国际食品法典委员会（CAC）未制定其在甲壳类和鱼类中的 MRLs，通报相关内容与 CAC 标准不一致，且没有提供相关科学依据，需要韩国进一步提供。

（二）对内措施建议

考虑到韩国是中国水产品出口主要目标市场之一，为积极应对韩国新措施的实施，建议：研究制定水产品中乙氧喹啉及其主要代谢物二聚乙氧喹啉残留量的测定方法标准；抽样检测中国水产品中是否存在乙氧喹啉及其主要代谢物二聚乙氧喹啉残留，尽早掌握其残留情况；对出口企业提出预警，使其了解并掌握韩国拟定乙氧喹啉在水产品中的残留限量要求等通报内容。

二、澳大利亚有关养殖用活鲟鱼生物安全进口风险分析草案的通报（G/SPS/N/AUS/569）

通报于 2023 年 7 月 11 日由 WTO 分发至各成员，主要内容是澳大利亚发布了《水产养殖用活鲟鱼生物安全进口风险分析报告草案》，拟规定进口到澳大利亚的活鲟鱼应遵守相应生物安全措施，包括从无病种群中采购、出口前和抵达后检疫、寄生虫处理、鱼卵消毒和病原体检测等方面。

（一）对外评议意见

对于进行风险管控的非世界动物卫生组织（WOAH）疫病名录疾病，建议给出检测诊断方法并给出对疑似、确诊病例的判定标准。通报中列出了 14 种主要病原，除神经坏死病毒（NNV）不需要采取任何生物安全措施，其他 13 种病原中，只有鲤疱疹病毒 3 型〔CyHV-3，又称锦鲤疱疹病毒（KHV）〕、鲤春病毒血症病毒（SVCV）、传染性造血器官坏死病毒（IHNV）、病毒性出血性败血症病毒（VHSV）、蛙病毒 3 型（FV3）这五种是 WOAH 疫病名录中的疫病，另外 8 种未被列入 WOAH 名录，根据 WOAH《水生动物卫生法典》5.1 条有关规定，需要澳大利亚提供没有被列入 WOAH 疫病名录的疾病的检测诊断方法和疑似、确诊病例的判定标准。

对于进行风险管控的非 WOAH 疫病名录疾病，建议不将其中的寄生虫病和细菌病列为检疫要求的疾病。不建议将通报中非 WOAH 疫病名录疾病中的寄生虫病和细菌病列为检疫要求的疾病，这些寄生虫和细菌包括：杀鲑产气单胞菌杀鲑亚种（典型株）*A. salmonicida*（typical strain）、鱼虱（*Argulus alosae*，*Argulus coregoni*，*Argulus flavescens*，*Argulus foliaceus*，*Argulus stizostethii*）、西氏鳋（*Ergasilus sieboldi*）、鲟卵螅（*Polypodium hydriforme*）、鲁氏耶尔森氏菌（仅限 Hagerman 株）*Y. ruckeri*（Hagerman strain）。因为上述寄生虫和细菌在养殖环境中广泛存在，存在有效的疫苗和药物进行防范和治疗，并且不会造成大规模急性死亡。要求出口国对这些疾病开展主动监测以及开展无疫国家/区域/生物安全隔离区建设和认定，但缺乏有效的国际标准作为判定依据。建议重新对上述疫病进行评估。按照 SPS 协定第 2 条的原则，根据科学原理保证任何卫生与植物卫生措施仅在为保护人类、动物或植物的生命或健康所必需的限度内实施。确保所采取卫生与植物卫生措施的实施方式不得构成对国际贸易的变相限制。

对未列入 WOAH 水生动物疫病名录疾病的无疫国家/区域/生物安全隔离区认定条件过于严格，建议调整。通报中对 8 项未列入 WOAH 疫病名录疾病的无疫国家/区域/生物安全隔离区（无疫种群），要求相关企业纳入出口国主管部门监管，且相关企业需满足至少连续 2 年、每年 2 次疫病监测合格，经澳大利亚确认才能取得出口资格。对于列入 WOAH 疫病名录中的疾病，出口国根据相关的国际标准可以开展主动监测，以及建立无疫国家/区域/生物安全隔离区。但对于未列入 WOAH 水生动物疫病名录的疾病，各出口国可能没有对相关疫病开展监测，或监测频率不能满足澳方要求等，该无疫认定过于严格，增加了出口企业的难度，可能导致对贸易的变相限制。

建议重新评估鲟鱼作为鲤疱疹病毒 3 型〔CyHV-3，又称锦鲤疱疹病毒（KHV）〕易感宿主和相应管控措施的合理性。对于 CyHV-3（KHV），通报中认为运输压力可导致活体鲟鱼产生临床感染而在抵达后隔离检疫（PAQ）期间被检出；另外，利用繁殖材料繁育鲟鱼后代，在易于临床感染的条件下养殖一段时间也可被检出。由此提出抵达后隔离至少 30 天的要求。WOAH 诊断手册认定 CyHV-3 的易感物种是鲤鱼、锦鲤及其杂交后代。目前，没有研究表明鲟鱼能够感染 CyHV-3，也没有证据表明 CyHV-3 能够从鲟鱼传播到其他易感鱼类，澳方上述要求并无支撑材料。建议重新对鲟鱼作为鲤疱疹病毒 3 型〔CyHV-3，又称锦鲤疱疹病毒（KHV）〕易感宿主和相应管控措施进行评估或提供相应的科学依据。

（二）对内措施建议

目前澳大利亚不允许活鲟鱼及遗传物质进境，本次澳大利亚拟提出放开，但进口管控措施非常严格。中国是鲟鱼养殖及鱼子酱生产大国，建议对该通报予以充分重视，及时跟踪和研究相关动向，对相关水产出口企业提出预警，使其了解并掌握澳大利亚通报要求。

三、韩国有关拟修订食品标准与规范的通报（G/SPS/N/KOR/785）

通报于 2023 年 7 月 20 日由 WTO 分发至各成员，主要内容是韩国拟修订食品标准与规范，其中涉及水产品的是拟将非班太尔、芬苯达唑、奥芬达唑在鱼类中的最大残留限量（MRLs）设定为 0.05 毫克/千克。

（一）对外评议意见

建议韩国暂缓实施非班太尔、芬苯达唑、奥芬达唑在鱼类中的 MRLs。国际食品法典委员会（CAC）未制定其在鱼类中的 MRLs，通报相关内容与 CAC 标准不一致，且没有提供相关科学依据，建议韩国进一步提供。

（二）对内措施建议

中国未设定非班太尔、芬苯达唑、奥芬达唑在鱼类中的 MRLs。考虑到韩国是中国水产品出口主要目标市场之一，为积极应对韩国拟定的新措施，建议抽样检测中国鱼类产品，掌握非班太尔、芬苯达唑、奥芬达唑的残留情况。预警出口企业，提醒掌握韩国拟订非班太尔、芬苯达唑、奥芬达唑在鱼类中的残留限量要求。

四、日本有关拟定环氟菌胺最大残留限量的通报（G/SPS/N/JPN/1228）

通报于 2023 年 9 月 18 日由 WTO 分发至各成员，主要内容是日本拟修订农兽药残留标准，其中涉及水产品的是拟将环氟菌胺（Cyflufenamid）在鱼类中的限量要求由"一律标准"（0.01 毫克/千克）调整至 0.02 毫克/千克。

（一）对外评议意见

国际食品法典委员会（CAC）未制定环氟菌胺在鱼类中的最大残留限量（MRLs），

通报相关内容与 CAC 标准不一致，且没有提供相关科学依据，建议日本进一步提供。

（二）对内措施建议

中国未设定环氟菌胺在鱼类中的 MRLs。考虑到日本是中国水产品出口主要目标市场之一，为积极应对日本拟定的新措施，建议抽样检测中国鱼类产品，掌握环氟菌胺的残留情况。预警出口企业，提醒掌握日本拟订环氟菌胺的残留限量要求。

第三节

国外水产品技术性贸易措施应对策略

近年来，世界格局加速演进，地缘政治风险外溢、全球经济增长乏力、极端天气多发频发、贸易保护主义抬头，在此背景下中国水产品出口增速大幅下降，明显低于进口额增速，特别是对虾、鱿鱼、紫菜等传统优势水海产品，出口呈现量增额减的态势。从中国水产品主要出口市场看，日本、韩国、美国、欧盟等都是传统的技术性贸易措施实施大国，东盟国家是新兴的出台技术性贸易措施的经济体，技术性贸易措施等非关税壁垒频出是我国水产品出口增长乏力的重要原因之一。中国商务部 2024 年出台《促进外贸稳定增长若干政策措施》，针对扩大特色优势农产品等商品出口专门提到："指导和帮助企业积极应对国外不合理贸易限制措施，为出口营造良好外部环境"。如何助力中国水产企业出口破壁、提质增效，优化升级出口贸易结构和规模，应对国外水产品技术性贸易措施是当前和未来一段时间的工作重点，需从加强顶层设计、财政支持、企业参与、人才培养、基础研究五个方面发力。

一、加强顶层设计，完善技术性贸易措施工作机制

在全球水产品市场竞争不断加剧、中国水产品出口明显放缓的新形势下，技术性贸易措施工作重要性越加凸显。做好水产品技术性贸易措施工作需要农业农村、商务、海关、财政、市场监管等各部门联合推动，高起点统筹、高起点谋划，在规则、规制、管理、标准等方面，做到与国际高水平对接、高质量对标。中国海关总署作为全国技术性贸易措施部际联席会议机制牵头单位，需推动该机制走深走实，做好部际联络与沟通，加强统筹规划和政策协同。海关总署国际检验检疫标准与技术法规研究中心作为中国 WTO-TBT/SPS 国家咨询点，应做好海关总署、各地海关、出口企业的沟通纽带，畅通信息上传下达内外联通渠道。农业农村部作为产业部门，在充分发挥水产品出口带动产业发展、促进农民（渔民）就业增收、增强区域经济发展活力方面具有重要作用，需重视此项工作，明确目标和任务，做好引领统筹工作，部内有关单位与行业机构、产业协会、龙头企业等加强定期会商联络，减少同质化、碎片化工作，促进信息共享、政策共研、数据互通、人才互助，持续完善工作方式方法，继续优化工作流程体系。

二、加强财政支持，增强技术性贸易措施资金保障

在符合 WTO 规则的框架下，加强对国外技术性贸易措施跟踪、研判、预警、评议和应对以及信息宣传、公共服务等方面工作的财政支持力度，增加出口企业技术升级、获取认证、开拓市场等贸易促进方面的资金帮扶。例如，水产品 WTO-TBT/SPS 通报官方评议工作较为复杂和烦琐，通常涉及海关、农业农村、质量监管等多个部门和高校院所、检测机构、行业协会和出口企业等多个组织，通报内容不仅涉及农兽药、污染物、食品添加剂、有毒有害物质等食品安全类措施，还涉及渔业利用资源规范、加工和流通销售过程安全、基因工程动物法规、标签要求、有机产品法规和生产等技术法规类措施，特别是以食品安全、保护人类安全或健康为理由的通报较多。中国水产品主要贸易伙伴多为发达成员，对食品安全要求更为严格，菲律宾、泰国、越南等东南亚国家近年来也对中国水产品依赖程度升高，且发展中成员近年来亦跟随追赶发达成员，逐步扩大对技术性贸易措施的使用频率和施用范围，不断加强国内技术标准体系建设和完善。因此，仅 WTO-TBT/SPS 通报官方评议工作就需要大量人力物力和信息数据，建议有关部门以设立财政专项等方式加强官方评议工作经费支持。此外，还可支持行业部门专家、企业技术人士直接参加涉及 WTO-TBT/SPS 例会，利用双磋场合对外给出专业意见，敦促其他成员对相关措施进行澄清、修改、废止、推迟实施等。

三、加强企业参与，拓宽技术性贸易措施工作维度

近年来，国外实施技术性贸易措施的最主要方式是提高标准，水产品中常见的是农兽药残留限量等变化，其次还有检验检疫项目增加、技术法规调整、审查手续复杂、合格评定程序变化，以及人为拖延检验检疫时间等也是国外实施技术性贸易措施的方式。水产企业需着力在提高应对意识、加强技术攻关、获取权威认证等方面开展工作。一方面，继续提高应对国外技术性贸易措施的主动意识和关注程度。持续跟踪主要出口市场动态，关注各地海关、商务、行业机构、有关协会网站、微信群、公众号等媒介，对本企业产品出口影响较大的技术性贸易措施，及时咨询国外不清不实不详通报，主动提出评议需求、积极参与评议，以期推动措施修改、延期或取消。另一方面，持续推动技术改造和转型升级。打铁必须自身硬，在国际市场竞争日益激烈的形势下和各国不断提高对食品安全、环境保护、动物健康等方面的关注，中国水产企业仍需进一步紧跟国际技术发展趋势，加快自主创新，主动提高自身生产水平，增强出口产品的国际竞争力。此外，中国水产领域对国际标准的转化率不高，以国家标准为基础制定国际标准的数量极少。企业可主动对接国际标准或采用出口市场标准，积极参与国家标准、国际标准或出口目标市场标准制修订，广泛获取国际权威认证或出口国认证等，以应对国外技术性贸易措施。

四、加强人才培养，提升技术性贸易措施应对水平

技术性贸易措施工作具有很强的专业性和技术性，对人员的要求是多层次、多方位的。各级、各有关部门要加快人才建设步伐，在积极引进高素质人才的同时着力培养和造就一支既熟悉 WTO 规则又具有专业技术知识、掌握良好语言能力和谈判能力的复合型人才队伍。同时，着手建立以技术专家为主体的专家库，借助和发挥各专业领域的技术与人才优势，加强内外合作，使技术性贸易措施应对工作得到有效开展。积极推进中国驻国际食品法典委员会（CAC）、世界动物卫生组织（WOAH）和国际植物保护公约（IPPC）等国际组织人员的数量和覆盖面，提升中国国际规则话语权和全球治理影响力。

五、加强基础研究，夯实技术性贸易措施专业基础

积极开展技术性贸易措施的基础理论和关键技术研究。一方面是技术研究，水产领域技术性贸易措施多以制定、修订农兽药的最大残留限量为主，且中国农产品农兽药残留限量的风险评估研究不足，评议时难以对相关 WTO 成员设定的限量标准是否合理提供充足的科学依据，企业难以获取有效的技术指导和服务导致产品质量和标准难以企及，可能对中国水产企业造成贸易壁垒。另一方面是规则研究，国外水产领域技术性贸易措施使用越来越频繁、使用方式方法越来越复杂，深入研究国际标准、各国标准和技术法规跟踪，做好国外技术性贸易措施对比分析和趋势分析等研究工作，提升水产领域国际标准化能力，积极转化采用相关国际标准，并争取以中国标准为基础制订国际标准，进一步打开国际市场，促进水产行业健康发展。

CHAPTER 7 | 第七章

中国水产品贸易未来
发展建议

在全球市场竞争日益激烈的背景下，中国水产品贸易面临着机遇与挑战并存的局面。随着消费升级和全球对优质水产品需求的不断增加，中国水产品行业正迎来新的发展机遇。然而，行业也面临诸多挑战，包括国际市场对水产品质量安全的严格要求、国内外贸易壁垒的增多，以及日益突出的环境和生态保护压力。因此，制定科学有效的发展建议显得尤为重要。为确保水产品贸易的可持续性和竞争力，加强水产品质量安全监管与生物安全水平的提升，成为确保水产品贸易顺利进行的关键。根据《中华人民共和国农产品质量安全法》《中华人民共和国动物防疫法》和《兽药管理条例》等法律法规，农业农村部组织制定了《2024年国家产地水产品兽药残留监控计划》和《2024年国家水生动物疫病监测计划》，地方各级农业农村（渔业）主管部门必须高度重视兽药残留监控和水生动物疫病监测工作。国家食品安全管理机构通过强化组织领导、细化职责分工以及压实各级责任，确保各项工作任务的圆满完成，夯实水产品安全有效供给的基础。一方面，建立健全水产品质量安全追溯体系，推动信息透明化，增强消费者对水产品安全的信任；另一方面，持续加强水产品质量安全和生物安全的源头管控，建议采取一系列综合措施，以确保水产养殖行业的健康发展。渔业主管部门结合水产绿色健康养殖技术的推广，实施生态养殖、资源节约、污染防治、健康保障和可持续发展的"五大行动"，这些行动将有助于推动养殖模式的转变，从传统的高投入、高污染的养殖方式，向更加生态化、可持续化的方向发展。

由于中国水产品出口品种结构较为单一，贸易结构不合理，以初级产品为主，经济附加值相对较低，用于出口的深加工水产品所占比重相对较低，加上水产加工贸易行业组织化程度偏低，缺乏生产加工水平高、市场经营能力强的水产加工贸易龙头企业，行业整体经济效益并不显著。因此，建议加强国际市场调研，分析不同国家和地区的水产品需求特点，识别以新兴市场为代表的潜在市场；提升产品质量与品牌建设，推动符合国际标准的优质产品生产，增强品牌影响力；优化供应链管理，建立冷链物流体系以确保产品新鲜度和质量，从而满足国际市场的高要求。此外，应积极争取政府政策支持，促进与其他国家的贸易合作，参与国际标准的制定，减少贸易壁垒。

第一节

政策优化与监管服务提升

一、优化行业监督与管理

优化水产品出口相关的行政审批程序和服务。一是完善跨境水产品电商出口海外仓出口退（免）税程序。按照国家税务总局《跨境电商出口海外仓出口退（免）税操作指引》的要求，为跨境水产品电商出口海外仓企业提供翔实办税指导，帮助企业深入准确理解出口退（免）税政策规定，熟练掌握出口退（免）税业务办理操作流程。二是减少烦琐的手续和时间成本，提高出口效率，促进企业快速、便捷地完成出口手续。三是降低港口收费，进一步减少收费项目，降低政府定价的港口经营服务性项目收费标准。四是通过中国出口信用保险公司为水产品出口企业提供出口信用保险服务，降低企业在国际市场上的收款风险，确保企业的资金安全。五是积极推动金融机构为符合条件的水产品出口企业提供出口融资服务，如出口退税贷款、订单融资、应收账款融资等，缓解企业的资金压力，支持其开拓国际市场。六是加强简化通关和检验检疫程序政策的实施，针对水产品等易腐货物，海关实行"绿色通道"通关政策，优先安排通关检查和放行，确保水产品出口的新鲜度和质量。七是支持出口水产品企业提前向海关申报，货物运抵口岸后海关尽快进行验放，缩短通关时间，提升物流效率。八是水产品出口企业可以享受优先检疫服务，减少等待时间。对于符合相关标准的企业，简化检疫程序，提高检验检疫效率。

二、培养复合型贸易人才

为了推动中国水产品贸易的未来发展，应建立系统的培训体系，设立水产品贸易专业课程，涵盖市场分析、国际贸易法规、物流管理等领域，以培养具备多元化知识结构的人才；加强实践经验，通过与企业合作，组织实习和实训活动，让学员在真实环境中积累经验，提升其综合素质和实际操作能力；鼓励跨学科合作，推动高校与研究机构、行业协会之间的协作，培养既懂水产品市场又懂技术、管理的复合型人才；提供持续教育机会，为在职人员提供定期培训和继续教育的机会，以保持对行业动态和市场趋势的敏感度；引入国际交流与合作，通过国际交流项目，鼓励学生和从业者学习先进的贸易管理经验和技术，提升其国际视野和竞争力；建立科学合理的人才评价体系，激励复合型人才的培养和发展，确保人才的持续输出和行业的长远发展。通过以上措施，将有助于提升中国水产品贸易的整体竞争力，适应全球市场的变化与挑战。

三、优化金融、财税政策支持

强化合规性评估，丰富和完善金融、财政政策。一是全面支持水产品加工企业的发展，积极采取金融支持政策。加大对水产品加工企业的信贷支持力度，提供更加灵活的贷款方式；鼓励金融机构对水产品加工企业进行信用评估和贷款担保，以降低企业的融资成本；设立水产品加工企业风险投资基金，为企业的技术创新和产业升级提供资金支持；鼓励金融机构对水产品加工企业开展金融服务创新，提供更加符合企业需求的金融产品和服务。二是设立水产品贸易财政资金和政府投资基金等，引导和带动社会资金，开发低息贷款、融资担保、信用保险等金融工具，进一步加大对贸易创新发展和绿色转型的支持。

四、强化国际市场宣传与品牌建设

为推动中国水产品贸易的未来发展，应着重强化国际市场宣传与推广，同时加强品牌建设。一是建立全面的市场调研机制，以了解各国消费者的偏好和需求，制定相应的国际市场推广策略。二是通过线上线下相结合的方式，利用社交媒体、电子商务平台和国际展会等多渠道宣传中国水产品，提升其知名度和影响力。三是注重品牌建设，发展具有中国特色和国际竞争力的水产品品牌，可以通过提升产品质量、包装设计和服务水平，树立良好的品牌形象，也可以与国际知名品牌或机构进行合作，借助其市场影响力，增强中国水产品品牌的信誉和认知度。四是鼓励企业参与国际认证，确保产品符合国际标准，以提高市场准入的便利性。五是建立长期的品牌推广计划，通过持续的宣传和市场维护，增强消费者对中国水产品的认可度和忠诚度。以上措施将有助于提升中国水产品在国际市场的竞争力，实现可持续发展。

第二节

推进标准互认增强水产品内外循环发展

一、推进标准互认

积极推动水产企业质量认证工作。2024 年 9 月 16—20 日，国际食品法典委员会 (CAC) 在澳大利亚举办进出口检验与认证委员会第 27 届会议 (CCFICS 27)，会议发布了《进出口食品检验和认证体系要求》。为达到此要求，中国积极发展水产品加工企业建设，重视食品控制体系评估工作；巩固国际食品法典委员会有关食品体系等价性指南，要求重视落实《国家层面食品控制体系等价性认可和维护指南》；落实《食品欺诈行为的预防和控制指南》；修改和更新《食品检验和认证体系中产品溯源/跟踪原则》；公布《拒绝食品进口的申请机制指南》和《卫生要求标准化规定》；审核并更新全球食品工作新情况，修改《相关进出口国家间信息交换原则和指南》，以促进食品贸易的开展，加强国家层面食品控制体系的数字化工作等；积极参与国际标准化组织（ISO）、国际食品法典委员会 (CAC) 等机构的工作，推动中国水产品的生产和加工标准向国际标准靠拢；与国际标准接轨，推动中国水产品出口企业在产品质量、食品安全等方面达到国际标准，从而获得出口市场的认可。

二、积极开拓新兴市场

在当前全球贸易格局中，新兴市场凭借其高经济增长率、庞大消费潜力及政策红利，已成为水产品贸易的关键增长极。2024 年数据显示，中国水产品对美国的出口量和出口额虽受关税影响有所波动，但对东南亚、拉丁美洲等新兴市场的开拓空间仍待释放。因此，建议水产品企业从三方面切入新兴市场。一是深耕区域供应链网络。借鉴"海洋牧场"等生态项目经验，在东南亚国家布局养殖基地，利用当地劳动力成本优势与政策支持，构建"产地直供"模式，缩短供应链响应周期。例如，在菲律宾、越南等地投资建设鳕鱼、罗非鱼养殖场，直接对接当地加工企业，降低物流与关税成本。二是强化产品差异化适配。针对新兴市场消费分层特点，开发定制化产品线。例如，针对东南亚市场推出小包装即食海鲜，针对拉丁美洲市场推出高性价比冷冻鱼片，同时通过区块链技术实现产品溯源，满足消费者对安全性的需求。三是借力政策与平台资源。充分利用中厄自贸协定等政策红利，在厄瓜多尔等国家建立加工分拨中心，规避关税壁垒；积极参与国际水产品博览会，如中国-东盟博览会，通过线上线下融合推广，提升品牌在新兴市场的认知度。通过上述策略，水产品企业可有效分散传统市场风险，挖掘新兴市场增量空间，实现全球贸易布局的动态优化。

三、促进内外循环发展

面对中国水产品出口的主要国家，建议继续巩固与日本、韩国、美国等传统市场的合作，提升产品质量与品牌影响力，同时积极开拓东南亚、中东、非洲等新兴市场，实现市场多元化，以减少对单一市场的依赖。密切关注各国贸易政策变化，尤其是技术标准与关税政策的调整，主动参与国际标准制定，降低贸易壁垒。在此基础上，应结合"国内国际双循环"的发展思想，通过提升产品质量、技术创新等手段增强外循环韧性，推动国内市场的内循环。国际市场受阻时，可以调整出口策略，如增加深加工产品出口，提升附加值，或转向符合新兴市场需求的产品。与此同时，加强与共建"一带一路"国家的区域贸易合作，降低关税壁垒。国内市场方面，应通过产品多样化、品牌推广和促销活动，提升国内消费者对水产品的需求与消费意愿，推动水产品进入中高端市场；完善供应链体系，确保流通渠道畅通，降低成本，提升市场效率。同时，推动水产品加工产业升级，提升国内对高附加值产品的需求，带动国内市场的良性循环发展。

四、加强水产品生产管理与可持续发展

水产品贸易涉及渔业、加工、物流等多个环节，为加强出口水产品原料管理、保障出口水产品的安全卫生、规范出口水产品原料养殖场的备案管理工作，2024年3月4日，中国海关总署依据《中华人民共和国食品安全法》及其实施条例、《中华人民共和国渔业法》及其实施细则、《中华人民共和国海关法》及《中华人民共和国进出口食品安全管理办法》等相关法律法规和部门规章，规定出口水产品原料养殖场应向所在地海关备案，并满足相应的基本条件和卫生要求。此外，中国应加强渔业资源管理，推行渔业可持续发展的政策和实践，保护海洋生态环境，提高水产品的可持续性和环保形象。在供应链中推动可持续捕捞、养殖和加工，提供符合环保标准的产品，以满足国际市场对可持续水产品的需求，并积极推进水产养殖检验检疫标准和追溯制度的国际互认，构建互利共赢的产业链、供应链合作体系。

参考文献
REFERENCES

蔡鑫，陈永福，陈洁，2018. 我国水产品国际竞争力影响因素的实证分析［J］. 大连理工大学学报（社会科学版）（2）：47-54.

陈廷贵，仲艳秋，2021. 新冠肺炎疫情下进口海鲜消费情况研究［J］. 世界农业（10）：14-22.

陈银飞，2011. 2000—2009 年世界贸易格局的社会网络分析［J］. 国际贸易问题（11）：31-42.

戴岭，潘安，2022. 全球价值链视角下中欧贸易关系的演进特征及其启示［J］. 经济社会体制比较（1）：178-189.

付秀梅，齐俏俏，林春宇，等，2024. 中国水产品贸易生态足迹时空演变与动态预测［J］. 生态学报，44（18）：8047-8061.

贺蕾，甄小榆，吕鹏，2024. 贸易战下中美水产品贸易政策调整及趋势预测［J］. 中国渔业经济，42（1）：91-98.

张梅，汪丽，2024. 21 世纪海上丝绸之路共建国家水产品贸易网络特征及影响因素研究［J］. 海洋经济，14（4）：53-64.

中国海洋大学，国家海洋信息中心，2022. 海洋经济蓝皮书：中国海洋经济分析报告（2022）［M］. 青岛：中国海洋大学出版社.

FAO，2022. The state of world fisheries and aquaculture 2022［M］. Rome：FAO.

ZHAO K S，GAINES S D，MOLINOS J G，et al.，2024. Effect of trade on global aquatic food consumption patterns［EB/OL］.（2024-02-15）［2024-11-27］. https：//doi. org/10. 1038/s41467-024-45556-w.

图书在版编目（CIP）数据

中国水产品贸易发展报告. 2024 / 农业农村部农业
贸易促进中心，中国水产科学研究院黄海水产研究所编著.
北京：中国农业出版社，2025. 6. -- ISBN 978-7-109
-33620-9

Ⅰ. F752.652.6

中国国家版本馆 CIP 数据核字第 2025R7L908 号

中国水产品贸易发展报告2024
ZHONGGUO SHUICHANPIN MAOYI FAZHAN BAOGAO 2024

中国农业出版社出版

地址：北京市朝阳区麦子店街 18 号楼

邮编：100125

责任编辑：张雪娇

版式设计：王 晨 责任校对：李伊然

印刷：中农印务有限公司

版次：2025 年 6 月第 1 版

印次：2025 年 6 月北京第 1 次印刷

发行：新华书店北京发行所

开本：787mm×1092mm 1/16

印张：12

字数：285 千字

定价：98.00 元

版权所有·侵权必究

凡购买本社图书，如有印装质量问题，我社负责调换。

服务电话：010-59195115 010-59194918